KB115734

초보자도 쉽게 배우는 타로카드

초보자도 쉽게 배우는 타로카드

발행일   2023년 6월 7일

지은이   서연
펴낸이   손형국
펴낸곳   (주)북랩
편집인   선일영   편집   정두철, 배진용, 윤용민, 김부경, 김다빈
디자인   이현수, 김민하, 김영주, 안유경, 한수희   제작   박기성, 황동현, 구성우, 배상진
마케팅   김회란, 박진관
출판등록   2004. 12. 1(제2012-000051호)
주소   서울특별시 금천구 가산디지털 1로 168, 우림라이온스밸리 B동 B113~114호, C동 B101호
홈페이지   www.book.co.kr
전화번호   (02)2026-5777   팩스   (02)3159-9637

ISBN   979-11-6836-771-5 03180 (종이책)   979-11-6836-772-2 05180 (전자책)

(주)북랩 성공출판의 파트너

북랩 홈페이지와 패밀리 사이트에서 다양한 출판 솔루션을 만나 보세요!

홈페이지 book.co.kr   •   **블로그** blog.naver.com/essaybook   •   **출판문의** book@book.co.kr

작가 연락처 문의 ▸ ask.book.co.kr

작가 연락처는 개인정보이므로 북랩에서 알려드릴 수 없습니다.

초보자도 쉽게 배우는

타로카드

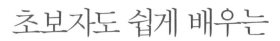

서연 지음

입문에서 완성까지 한 권으로 끝내기

북랩

어린 시절 하반신 마비로 인해 시골에서 서울대병원까지 올라와 진단 결과 신체 문제가 아닌 정신과적 치료를 판정받아, 누가 알까 전전긍긍하며 어머니의 손에 이끌리어 몰래 신내림을 받았고, 이후 사찰에 들어가 지내면서 큰 스님을 통해 동양 사주학을 접하였으며, 오랜 시간 많은 상담을 진행하였다. 그 과정에 서양의 타로카드를 살피면서 '타로가 보다 생활 밀착형이라고 할까?!', 대중적인 접근이 좀 더 용이하기에 많은 분들이 타로를 알고 싶어 하여, 이에 대한 강의를 개인 또는 단체로 어언 10년에 걸쳐 진행하고 있다.

그러다 보니 좀 더 쉽게 설명을 해야 했고, 좀 더 쉽게 알 수 있도록 해야 했기에 강의 자료를 만들기 시작해서, 많은 상담과 강의 경험을 담아 조금씩 손질하며 타로카드의 좀 더 쉬운 이해와 정리를 필요로 하시는 분들이 있지 않을까 하는 생각으로 준비하다 보니 이 책을 발간하기에 이르렀다.

타로가 이미지(상징)와 깊이 관계하므로 가능한 도식화하였고 수비학적 의미를 포함, 카드 전체의 설명을 통하여 그 의미를 정리할 수 있도록 하였다.

어쩌면 좀 더 일찍 발간했어야 하는 아쉬움이 있지만, 이 책이 타로카드를 시작하려는 분들과 타로카드의 전체적으로 정리하려는 분들에게 늦게나마 많은 도움이 되기를 바랍니다. 또한 본 책의 수익금 전액은 암 환자들을 위해 사용하고자 합니다.

2023. 05. 01.

서연

목차

책을 써내며… / 5

준비 단계

카드 설명

타로카드 배열법(Card Spread)

준비 단계

타로의 기원, 특징과 원리

1. 타로의 기원

고대 이집트 기원설, 중국 티베트 대성자들, 중세 카발리스트(유대교 신비주의자) 또는 집시 기원설 등이 전해지고 있다.

2. 타로의 특징

수비학, 점성학, 종교 및 철학적 의미, 신화나 인류 역사와 문화를 담은 복합 결정체로 다음과 같은 특징이 있다.
① 그 의미와 상징이 이미지화 되어 있고,
② 타로카드의 (수비학과 연관) 배치의 순서로 그 의미가 부여되어 있다.

3. 타로의 원리

집단 무의식(Collective Unconscious), 동시성 원리(Synchronicity)에 근거하며, 스위스 정신 분석학 및 심리학자 칼 구스타프 융(Carl Gustav Jung)에 의해 설명된다.

- 집단 무의식: 모두가 공유하고 있는 무의식이 존재, 끈처럼 상호 연결 (집단적 무의식 네트워크)
- 동시성 원리: 인과 관계가 없어 보이는 사건/일들이 시간이나 공간적으로 같은 양상으로 일어남.

※ 동시성 사례
- 만약 어떤 여자가 꿈에서 그녀가 타고 있던 비행기가 충돌했는데, 그녀가 타려고 했던 다음 날 비행기가 실제로 충돌했다(영화 데스티네이션!).
- 만약 어떤 남자가 그의 왼쪽 손목에 고통을 느꼈는데, 그 후에 그의 쌍둥이 형제가 그가 고통을 느꼈던 것과 같은 시간에 사고로 인해 왼쪽 손이 잘렸다.

집단 무의식, 동시성과 타로의 연관성

　개개인의 무의식이 상호 연결 되어 있으며, 이를 집단 무의식이라고 하고, 그 무의식의 네트워크를 통해 멀리 떨어진 사람의 일을 직접 또는 꿈이나 환각 등을 통해 느끼고 이는 과거나 미래까지도 연결되어 인지하게 되는데, 이것을 동시성의 원리라고 한다. 타로는 주어진 질문에 대해 집중하는 과정에 무의식이 작용하고 의도적으로 이러한 동시성을 얻어 내어 뽑힌 카드는 유사한 양상을 보여 주게 되며, 그것을 해석하여 (과거, 현재, 미래의) 질문자의 상황을 알게 되는 것이다.

집단 무의식, 동시성의 일상적 체험

- 우연히 라디오를 켰는데, 지금 내가 흥얼거리던 노래가 흘러나오는 경험.
- 생각 없이 TV 채널을 이리저리 돌리다가 오래전 앞부분만 보다 못 봐서 내내 아쉬워하던 영화가 때마침 내가 중단한 그 시점에서 방영하고 있어서 몸이 피곤한데도 열심히 영화를 끝까지 보았던 경험.
- 왠지 쌈에 고기가 당겨서 갈등 중인데, 때마침 옆집 친구가 자신의 텃밭에서 상추를 많이 심었다며 삼겹살과 싱싱한 꽃상추와 치커리를 가져와서 정말 맛있게 먹었다.
- 한 번도 가 보지 않은 낯선 곳이었음에도 불구하고 언젠가 한 번 왔었다는 느낌, 현실에서의 이 순간은 언젠가 꿈에서 한 번 보았던 순간 같다는 느낌, 혹은 꿈자리가 뒤숭숭해서 아침에 일어나 꿈에서 보았던 사람의 집에 전화를 걸어 보니 그 사람이 병으로 누웠다는 말을 듣게 되는 경우 등이 있다.

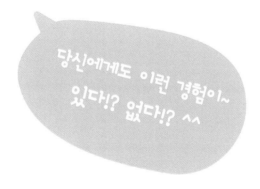

당신에게도 이런 경험이~
있다!? 없다!? ^^

타로를 볼 때 주의해야 할 점

• **질문**: 제가 '아이유'와 사귈 수 있을까요?

　질문자에게 아이유는 너무 좋아하는 연예인이지만 팬클럽 활동을 한 적도 없고, 단지 TV에서 보았을 뿐 아이유를 직접 만나 본 적도 없다.

• **검토**: 위 질문에 "이런 미친 XX 같으니!" 라고 하겠다. 그러나 생각보다 유사한 질문을 매우 흔히 보게 된다.

그 사람에게서 연락이 올까요?
그 사람은 저를 어떻게 생각하나요?

다음과 같이 질문을 바꾸자

제가 연락을 하면, 다시 만날 수 있을까요?
제가 그 사람에게 고백하면, 우리는 사귈 수 있을까요?

　위 질문의 그 사람 대신에 아이유라는 연예인을 집어넣으면, 앞의 질문과 유사해진다는 것을 알 수 있다. 만일 이런 질문이 잘 맞는다면 다음과 같이 생각할 수도 있겠다. 워런 버핏이 우리나라의 어느 기업에 투자를 할까요? 차기 대통령은 누가 될까요? 영수가 될까요? 아니면 영철이가? (물론 본인이 영철이의 자식이라면 관계의 영향성이 크므로 카드가 잘 나올 수도 있을 것이다.) 그리고 이것만 알아도 우리는 부자가 될 수 있을 것이다. (거기에 맞는 수혜주를 사면 주가가 몇 배는 오를 테니…)

타로는 자기 자신의 내면을 비추는 거울

　따라서 다른 사람의 내면을 비추려면 상대방 본인이 타로카드를 뽑아야 한다. 사람의 마음이 오늘은 좋아하다가 내일은 싫어지고, 고마웠다가도 원망하고 나아가 증오도 하며, 헤어짐에 아쉬움과 미련도 있겠지만 정리해야겠다는 생각도 들고, 이렇게 자신의 마음도 잘 다스리지 못하며 헤아리지 못하는데 과연 타인의 마음을 어떻게 살필 수 있겠는지? 때문에 **질문의 방향을 자신을 집어넣어서 살펴야 한다. "내가 어찌 하면, ～ 가능할까요?" 그래야 해답의 가능성이 더욱 강해진다.**

　① 타인에 대한 질문은 불확실성이 그만큼 커지므로, **자신과 관련된 질문을 하는 것이 좋다.**
　② 먼 미래에 대해서는 불확실성이 더욱 커지므로, **가까운 미래에 대해 살피는 것이 좋다.**
　　→ 자신에게 영향력이 크게 작용할 수 있도록 질문을 정리하는 것이 대단히 중요!
　③ 동일하거나 유사한 질문에 대하여, **타로카드를 재차 보지 않는다.**

　타로카드에서 중요한 것은 욕심을 부리거나 남을 해하고 아프게 하는 데 사용하지 않아야 한다는 점이다. 타로는 자신이나 타인의 마음을 이해하는 데 도움을 주는 도구로 활용하는 것이다. 상황은 부정적일 수도 있으나 타로는 그곳에서 긍정의 에너지를 찾아내어 자신의 목표에 적극적으로 나아갈 수 있도록 도움을 주는 것이다. 도전에는 실패도 따르는 것이 당연하지만 긍정의 힘이 원천이 되어 성공에도 이르게 됨을 생각하자.
　그래, 무한 도전 하는 거야. 무한 도전!

타로의 기본 용어

1. 덱(Deck)

카드에서는 1벌-1팩(Pack)-을 말한다. 타로카드는 메이저 카드 22장과 마이너 카드 56장 총 78장으로 되어 있다.

2. 아르카나(Arcana)

아르카나는 '비밀'이란 뜻으로 비밀 또는 신비스러운 지식을 의미한다. 타로에서는 비밀을 담고 있는 카드를 말하며, 22장의 메이저 아르카나와 56장의 마이너 아르카나로 구분하고 있다.

3. 셔플(Shuffle)

셔플이란 '카드 게임 등을 하기 위해 섞다'는 뜻으로 타로카드를 섞는 것(또는 행위)을 말한다. 셔플은 단순히 섞는 동작이라는 의미보다는, 이 과정에서 질문하는 내용을 정리하고 집중하는 시간을 갖는다는 중요한 의미를 담고 있다.

4. 스프레드(Spread)

'접혀 있는 것 등을 볼 수 있도록 펼치다'라는 뜻으로 타로카드에서는 카드를 배열하는 행위 또는 배열하는 방법을 의미한다.

대표적으로는 카드 3장으로 배열하는 방법이 사용되는데, 주로 과거-현재-미래의 형태로 보게 된다. (질문에 따라서는 원인-상황-결과로 보거나, 본인-상대방-두 사람의 관계 등 여러 가지 모양새로 펼쳐 볼 수가 있다.)

5. 타로카드의 선택

타로카드는 그 종류가 매우 다양하고, 때로는 개인이 직접 타로카드를 만드는 경우도 있다. 통상 유니버설 웨이트 타로(Universal Waite Tarot Deck) 또는 라이더 웨이트 타로(Rider Waite Tarot Deck)를 사용하는데, 그림이 예쁘지는 않으나 이미지를 이끌어 내기가 용이하기 때문에 가장 많이 사용되고 있다.

※ 라이더 웨이트 타로 덱(Rider Waite Tarot)은 아서 에드워드 웨이트(Arthur Edward Waite)가 황금 여명회의 해석에 근거해 디자인하여 제작한 것으로, 1909년에 런던의 라이더社에서 발매되기 시작했다. 유니버설 웨이트 타로는 라이더 웨이트 타로와 크게 차이가 없으나 색채감을 좀 더 보완하였고 가장 많이 사용하는 타로카드가 되었다. (특히 유니버설 웨이트 타로는 드라마 <겨울 연가>에 타로점을 볼 때 나온 것으로, '겨울 연가 타로카드'라고 불리기도 한다.)

타로카드의 구성

Tarot Card Deck
총 78장

Major Arcana: 22장

Minor Arcana: 56장

❖ Major Arcana: 22장

   - 0 바보(The Fool) ~ 21 세계(The World)

❖ Minor Arcana: 56장

   - 지팡이(Wand), 컵(Cup), 검(Sword), 펜타클(Pentacle) or 코인(Coin)

   → 4 슈트(Suit)

   - Ace(1) ~ 10 → 핍 카드(Pip Card) (숫자 카드)

   - 시종(Page), 기사(Knight), 여왕(Queen), 왕(King)

   → 궁정(코트) 카드(Court Card)

타로카드를 살펴 가는 순서

카드 **핵심 상징 의미** 알아보기

배치에 따른 **수비학적 의미** 알아보기

카드 **Image Feeling**
(상상력, 직관적 느낌, 살아온 경험, 상징적 의미)

카드 **Key Word** 유추

애정운, 금전운, 직업운에서 의미?!

카드 마무리 살피기

※ 타로카드를 통한 Image Feeling에는 타로카드가 기본적으로 제공하는 상징적/수비학적 의미와 함께, 타로 리더의 상상력과 직관적 느낌 그리고 살아온 경험 등이 투영되어 Reading & Telling으로 나타난다. 본 책자에서는 상기 순서에 입각하여 카드를 살펴보기로 한다.

※ 로마 숫자 알아보기

타로카드의 로마 숫자를 다음과 같이 간략히 살펴본다.

1	2	3	4	5	6	7	8	9	10
I	II	III	IV	V	VI	VII	VIII	IX	X

- **4**: IV는 V에서 I를 뺀다는 뜻 (5 - 1 = 4)
- **6**: V에서 I를 더했다는 뜻 (5 + 1 = 6)
- **9**: IX는 X에서 I를 뺀다는 뜻 (10 - 1 = 9)

11	12	13	14	15	16	17	18	19	20
XI	XII	XIII	XIV	XV	XVI	XVII	XVIII	XIX	XX

21	22	23	24	25	26	27	28	29	30
XXI	XXII	XXIII	XXIV	XXV	XXVI	XXVII	XXVIII	XXIX	XXX

카드 설명

메이저 아르카나

❖ 상징(Symbol)

❶ 흰 옷 - 순수함

❷ 붉은 안감 - 열정

❸ 백 장미 - 순수함

❹ 붉은 깃털 - 열정,자유

❺ 노란 장화 - 자유

❻ 절벽 아래 - 미지의 신세계

❼ 이드(ID) 원초아 - 충동적,성적,본능적 자아

밝은 태양 아래 나름 화려하게 옷을 입은 바보(광대)가 주변이 온통 설산(또는 파도)인 높은 절벽 위에서, 딸랑 봇짐 하나를 오른손 어깨에 매고 다른 손에는 하얀 장미 한 송이를 든 채 하늘을 올려다보며 양팔을 벌리고 있고, 그 뒤에 하얀 개 한 마리가 바보를 향해 뛰어오르듯 뒤따른다.

❖ Key word, 수비학적 의미

Key Word	순진무구한, 자유롭고 낙천적인, 호기심 많은, 독창적인, 열정적인
	역의미 어설픈, 초보적인, 즉흥적인, 천방지축의. 무책임한, 철이 없는, 비현실적인
수비학	비어 있으면서 꽉 찬 수/시작이며 끝인 수(→ 무한의 잠재력), 혼돈 수, 미지수
애정운	낭만적인, 호기심 많은, (재회 질문) 재회 어려움
	역의미 무책임한 만남/사랑, 집착이 없는, 잡히지 않는(진정성 없고 방향이 없는), 이기적인
금전운	돈에 집착이 없는, 그냥저냥 쓸 만한 돈을 가진, 금전 흐름이 불안정한
	역의미 무일푼의, 돈에 대한 개념이 없는
직업운	알바, 임시직, 비정규직, 영업직, 프리랜서, 보따리 장사

과연 바보라서 가능할까? 누가 여행 갈 때 딸랑 봇짐 하나 들고 가볍게 떠날 수 있을까. 누가 저렇게 우스꽝스러운 개성 강한 옷을 입고 다닐 수 있을까. 어느 누가 언제든 떨어질지 모르는 위험한 절벽 낭떠러지 위에서 오른쪽 어깨에 봇짐을 매고 왼손에는 백장미를 든 채 오히려 하늘을 보면서 태연해할 수 있을까. 이 모든 것은 바로 '바보'이기에 가능한 것이다. 그런데 이 바보는 우리가 흔히 얘기하는 단순한 바보로만 볼 수 있을까?

인류 발전사에 지대한 공헌을 한 천재나 발명가, 과학자 그리고 예술가 등 이들의 이면에서 우리는 바보 같은 모습을 찾아볼 수 있다. 그들은 우리가 당연히 신경 쓰고 얽매이며 차마 떨치지 못하는 것을 아무렇지도 않은 듯 쉽게 내려놓기도 한다.

0번 바보는 단순한 바보만이 아닌, 이면에 그러한 의미를 담고 있음을 간과해서는 안된다. (우리도 가끔은 주변에 얽매이지 않는 0번 바보⋯ 되어 보자!)

또한 일부만의 태양이 비치고 있음은 밝은 미래를 의미하기도 하지만, 앞에 놓인 미지의 세계가 바로 낭떠러지 아래가 될 수도 있음을 보여 준다. 그러나 0번 바보는 미지의 세계에 거침이 없다. 바보는 여행을 시작했고, 많은 인물들을 만나면서 현재 자신의 비움을 무언가로 가득 채울 것이다. 그것이 바로 '0'이 주는 긍정의 가능성이다.

❖ Moon Card ▷ Soul Card/Moon Card 우측 설명 참조

자유로움을 추구하는 사람으로 얽매이는 것을 싫어한다. 흥미 있고 재미있는 일을 추구하나, 하고 싶지 않은 일을 할 때 도망치고 싶어 하고 회피하는 성향을 갖고 있다. 조직적이고 규칙적인 생활을 힘들어하며 모든 일에 싫증을 잘 내기도 한다.

(특히 어렵거나 흥미 없는 일을 할 때) 지루하고 반복적인 일에 흥미를 쉽게 잃는다. 명랑 쾌활함. 적극적이고 활동적이나 시간 개념이 철저하지 않음. 새로운 분야에 관심이 많고 여러 가지 일에 연루되어 있음.

※ Soul Card / Moon Card

모든 사람은 각기 소울 넘버(Soul Number)와 내면 넘버(Moon Number)를 갖는데, 자신의 생년월일로 아래 계산법에 따라 소울 넘버와 내면 넘버가 결정되고, 그 수에 해당하는 Major Card의 Soul Card(외형적 특성), Moon Card(내면적 특성)로 각자의 특성을 살필 수 있다.

단, 계산법에 따라 1~9번 카드만이 소울 넘버와 내면 넘버를 동시에 지니며, 0과 10~21번 카드는 내면 카드로만 사용된다.

Soul Number 계산

예로 1998년 5월 19일 생이라면,

1+9+9+8+5+1+9 = 42 → 4+2= "6"

◁ 6이 소울 넘버가 되며, 소울 카드는 6번 연인 카드이다.

즉, 1~9 사이의 수가 나올 때까지 계속 더하여 나온 수가, 그 사람의 "소울 넘버"가 된다.

따라서 소울 카드는 메이저 카드의 1~9번 카드만이 해당된다.

Moon Number 계산

예로 1998년 5월 19일 생이라면, (소울 넘버와 달리 생년은 제외하고 생일로만 계산한다.)

5+1+9 = 15 → (22 이내이므로 1+5 하지 않고) "15"

◁ 15이므로, 문 카드는 15번 악마 카드이다.

즉, 22 이내의 수까지만 계속 더하여 나온 수로 "내면 넘버"를 결정한다.

단, 22번은 0번으로 보는 것에 유의한다.

▷ 위의 예에서 1998년 5월 19일에 태어난 사람의 소울 넘버는 6이고, 문 넘버는 15번이 되며, 이 사람은 외형적으로는 6번 연인 카드의 소울 카드와 내면적으로는 15번 악마 카드의 문 카드(본인도 타인도 잘 알지 못하는 특성을 나타냄)의 특성을 지닌다고 볼 수 있다.

❖ 상징(Symbol)

❶ 뫼비우스의 띠* - 영원, 무한, 지혜와 능력이 있음

❷ 우로보로스*(자신의 꼬리를 문 뱀) - 영원, 윤회, 능력이 있음

❸ 붉은 장미 - 열정

❹ 백합 - 순수

❺ 코인(펜타클), 컵, 지팡이, 검 - 우주를 구성하는 4원소(地, 水, 火, 風), 각각 땅, 물, 불, 공기를 의미함.

❻ 사각 테이블 - 세상

* 뫼비우스의 띠 - 신이 준 능력(지혜)
* 우로보로스 - 경험과 지식을 통해 얻은 능력

지팡이(Wand), 검(Sword), 잔(Cup), 코인(Pentacle, Coin) 이 놓여 있는 테이블 앞에 잘생기고 멋진 흰옷에 붉은 망토를 걸친 마법사가 있다. 오른손은 지팡이를 들고 하늘을 향하고, 다른 손은 땅을 향하고 있다. 머리 위에는 무한과 영속을 상징하는 뫼비우스 띠가 보이고, 허리에는 우로보로스(Ouroboros, 자신의 꼬리를 문 뱀)를 차고 있다.

❖ Key word, 수비학적 의미

Key Word	창의적인, 재능 있는, 자신감 있고 열정적인, 능수능란한, 시작하는 역의미 잘난 척하는, 자신을 너무 과시하는, 교묘한, 다른 사람을 속이는(협잡꾼, 사기꾼)
수비학	근원, 시작, 탄생, 유일, 신, 남자, 낮, 태양
애정운	매력적인, 센스 있고 인기 많은, 위트 있고 재미있는 역의미 이기적인, 바람기가 있는
금전운	돈을 버는(벌기 시작하는), 대출이 가능한, 소득(수입)이 있는, 사업을 시작한 역의미 생각보다 돈이 안 되는, 외형보다 돈이 없는
직업운	과학자, 연구원, 벤처 사업, 엔터테이너, 마술사, 영업직

숫자를 셀 때 무의식적으로 0이 아닌 1로 시작하듯이, 1은 실제적 시작을 의미한다. 세상에 처음 태어나 새롭게 시작하는 생명을 생각하면, 이제 시작한다 함은 앞으로의 발전을 위한 현재의 미숙함의 의미도 갖는다. 그러므로 그 생명은 그 어떤 것도 이룰 수 있다는 무한한 가능성과 창의성을 지니며, 따라서 더욱 자신감 있고 열정적이기도 하지만, 때로는 자기 위주로 사고하고 행동하는 경향이 있을 수 있다.

머리 위의 뫼비우스 띠가 숫자 8의 영원함과 무한함 그리고 총명함을 나타내며, 손에 든 지팡이는 권위와 힘을 백합과 장미는 순수함과 열정, 허리의 꼬리를 문 뱀은 영원과 윤회를 뜻하는 우로보로스를 의미하며, 테이블 위의 4가지 재료는 우주를 구성하는 불(창), 흙(코인/펜타클), 공기(검), 물(컵)의 4원소를 나타내며, 마법사는 이를 자유자재로 다룰 수 있음을 보여 준다. 0번 광대가 완전히 새로운 시작(신입, 인턴)이라면, 1번 마법사는 현실적인 경험과 능력을 갖춘 경력 사원에 해당된다고 보면 적절하다.

지식과 경험을 갖추었다면, 이제는 실질적인 행동으로 시작하는 데 주저할 수는 없다. 과하게 자신만만해서도 안 되겠지만 스스로 너무 움츠리지는 않는지 자신을 살펴야겠다.

❖ Soul Card/Moon Card

재주 재능이 많고 잔꾀가 많다. 아이디어가 좋고 자신의 능력을 과시한다. 의심이 많고 인정받고 싶어 한다. 어떤 일에 몰두하면 열심히 한다. 시간 관념이 철저하지 못하고 규칙적인 생활을 싫어한다. 승부욕이 강하고 가족과 주변 관계가 원만하지 못하고 대인 관계가 폭넓은 듯 싶지만 넓지 못하다. 마음 맞는 사람과만 함께하려 한다. 언변은 좋지만 배려심은 약하다.

❖ 상징(Symbol)

❶ 달 - 여성과 여성의 힘을 상징
초승달, 보름달, 그믐달 → 탄생, 삶, 죽음 →
인간 삶의 순환을 의미

❷ TORA - 히브리어 성경인 모세 5경 신의 계
시, 학문과 지혜를 나타냄.

❸ B,J : 솔로몬 성전 입구의 두 기둥으로
- 보아즈(Boaz) '하나님의 능력으로' 부정적
삶의 태도, 어둠과 거짓
- 야킨(Jachin) '하나님이 세우다.' 긍정적 삶
의 태도, 진실과 이성

B, J의 흑백 기둥(❸), 머리에 쓴 관의 대칭되는
달 모양(❶), 무의식을 담당하는 왼손은 드러나
고(❷), 의식의 오른 손은 가린 것 등이 숫자 2
의 이중성을 표현한다.

희고 파란 옷을 입은 여사제가 달 모양의 관을 쓰고 'TORA'라고 쓰인 두루마리 책을 손에 쥔
채 차분히 앉아 있다. 그녀의 양측에는 B(Boaz), J(Jachin)라고 쓰인 흑과 백의 기둥이 있고, 그
사이에 석류 그림의 천이 걸려 있으며, 발아래에는 초승달 모양의 달이 있고 뒤에는 잔잔한 물
이 보인다.

❖ Key word, 수비학적 의미

Key Word	지혜로운, 직감이 좋은, 비밀스런(심령적인), 품위 있는, 수용적인 역의미 도도하고 차가운, 속을 모르는(내숭의), 음흉한, 소극적인, 감정의 기복이 심한
수비학	대립/갈등/분리, 조화/균형/결합, 이중성, 음, 어둠(밤), 여자
애정운	정신적인 교류의 사랑, 플라토닉 사랑 역의미 애정 표현이 서툰, 짝사랑하는, 비밀스런 사랑
금전운	돈에 초연한, 돈의 흐름이 멈춰 있는, 돈 지출에 계획(통제)성 있는 역의미 돈을 낭비하는
직업운	무속인, 종교인, 정신과 의사, 상담사, 유치원 선생, 교사

여사제를 비극의 여교황 요한나를 모티프로 하였다는 얘기가 있다. (자신의 성를 숨긴 채 남장을 한 교황 요한 8세가 임신이 발각되어 죽임을 받게 되었다는 전설, 마르세이유판 타로카드에서는 교황과 마찬가지로 머리에 삼중관을 쓰고 있다.) 흑백의 두 기둥 사이에 차분하게 앉아 있는 모습이다. (그 차분함은 다소 차갑고 냉정하며 도도해 보이기도 한다.) 또한 그 모습은 적극적이지 않고 오히려 다소는 소극적임을 의미한다. 달의 왕관을 쓰고 왼발 아래 초승달이 놓여 있음은 달의 직관력과 무의식을 나타내어 여사제는 직관력이 뛰어나고, 손에 토라(창세기, 출애굽기, 신명기, 레위기, 민수기-모세 5경) 책을 갖고 있음은 학문(지식)이나 세상에 알려져 있지 않는 비밀(지혜)까지도 지니고 있음을 알 수 있다. 여사제가 2번을 부여받음은 2가 조화와 안정을 뜻하면서도 대립과 갈등이라는 요소도 포함하고 있다는 것이다. 마법사 카드의 1이 유일과 시작을 뜻하여 자기 의지로 무언가를 행할 수 있다면, 여사제는 1과 1, 즉 대립하고 갈등하는 사이에서 조화와 안정을 찾는다고 볼 수 있다. 물론 토라를 갖고 있는 모습에서 지혜를 통하여 그 대립과 갈등의 해소가 가능할 것이다.

여사제는 일반적인 여성과는 달리 높은 정신적, 무의식적 경지에 올랐음으로 본능과 욕망대로 하지 아니하고, 대립하는 두 힘의 존재 사이에서 고뇌하며 지혜로써만 조화와 안정을 이뤄야 하는 사람이라고 생각할 수 있다. 부정적인 의미에서는 여사제는 현명하고 똑똑하지만 부정하고 음흉한 이중적 성격의 소유자라고도 볼 수 있다.

❖ Soul Card/Moon Card

체면과 명분을 생각하고 예의를 중요시하며, 생각이 깊고 현실 인식이 좋고 객관력과 예지력이 좋다. 자신의 분야에 넓은 지식을 갖고 있고 말과 행동이 조심스럽고 매사 분석적이고 어떤 문제의 이유를 찾는다. 혼자의 생각과 판단을 하며, 사람들에게 해가 될까 염려하고 조심한다. 자신을 희생하면서 보좌하려는 성향이 크다. 늘 불안하고 욕심이 많지만 내색하지 않고 낯가림도 심하며 재물 복이 크지는 않다. 사람들에게 잘 베푸는 성향이 있고 인간관계의 갈등이 심하다.

❖ 상징(Symbol)

❶ 석류 - 풍요와 다산의 상징(석류 안에 종자가 매우 많이 있어서)

❷ 하트 안의 금성 기호 - 하트는 심장으로 진정성, 사랑, 동정심 의미 금성 기호는 미의 여신 아프로디테 (비너스)

❸ 밀밭 - 생명과 풍성한 수확, 대지의 풍요 의미 또한 대지의 여신 데메테르의 상징

❹ 12별의 왕관 - 1년 12개월, 우주의 질서 순환과 법칙

❺ 폭포수 - 여성의 모유, 생명력, 여성성

❻ 녹색 식물 - 안전함과 안식

다 익은 석류 모양의 옷을 입고 별 모양의 왕관을 쓰고 오른손에 봉을 들은 채, 매우 편안해 보이는 의자에 기대어 앉아 있는 여황제가 보인다. 주변에는 곡식(밀밭)과 초록의 나무가 있고 뒤로는 물이 충만히 흘러내리고 있다.

❖ Key word, 수비학적 의미

Key Word	사랑스런, 매력적인, 풍요로운, 성공한, 안정적인, 모성애, 임신, 출산 (역의미) 사치스런, 허영심이 있는, 질투심이 강한, 게으른
수비학	최초의 완성, 토대, 안정, 미완성 1(남성) + 2(여성)= 3(최초의 완성 - 임신 의미도 포함, 그러면서도 아직은 미완성)
애정운	감각적인, 섹시한, 정감 있고 포용력 있는, 결실 맺는 사랑 (역의미) 질투심 있는, 독점욕, 문란한
금전운	풍요로운, 부유한, 안정적인, 럭셔리한 (역의미) 돈을 낭비하는, 낭비와 사치, 허영
직업운	여성 CEO, 여성 상대 직업(패션, 액세서리, 산부인과 관련 업), 부동산업, 전업주부

여사제 카드의 석류 장막의 석류는 익지 않은 상태이나 여황제의 석류는 완전히 익어서 벌어져 있으므로, 석류의 진정한 풍요와 다산을 보여 주고 있다. 여사제를 아직은 처녀(페르세포네, Persephone)로 보고, 여황제를 곡물과 땅의 여신(데메테르, Demeter)로 보기도 한다. (여사제는 석류가 그려진 천을 입지 않은 데 반하여, 여황제는 완전히 익은 석류가 그려진 옷을 입고 있음 또한 현실적이고도 실질적인 풍요와 다산을 의미한다.) 밀밭도 석류와 같이 풍요로움을 나타내며, 하트 안의 금성 기호는 사랑, 매력, 협력, 여성적 수동성과 수용성을 의미하여 여성적인 매력이 넘치는 인물임을 보여 준다. 그러나 매우 편안해 보이는 쿠션에 기대 앉은 모습이 조금은 나태해 보이기도 하고, 편안과 풍요 속에서 허영과 사치에 빠질 수도 있겠다.

여사제가 정신적 여성성(하늘의 여성 - 그리스 신화 페르세포네)이라면, 여황제는 좀 더 현실적이며 물질적인 면에서의 여성성(땅의 여성, 어머니 - 그리스 신화 데메테르)이라고 할 수 있다.

혹여 내 자신의 나태함 속에서 알게 모르게 손에 든 봉과 같이 권위나 앞세우며 허영심이나 사치를 즐기지는 않는지….

그러나 이 카드는 전반적으로 부럽고 좋은 카드로 해석이 된다.

❖ Soul Card/Moon Card

적극적이고 활동적이며 외향적이다. 동물이나 식물에 관심이 많고 양육과 모성애가 강하다. 다정다감하며 친절하고 도와주는 걸 좋아한다. 다소 변덕스러워 인간관계가 오래가지 못하고 그로 인해 상처를 받기도 한다. 자신의 생각에 숨김 없고 간섭과 참견을 잘하고 주목받고 싶어 한다.

❖ 상징(Symbol)

❶ 양머리(4개 모서리) - 양자리의 백양을 상징하여 강한 도전 정신과 열정, 승부욕, 성취욕을 나타냄

❷ 앙크 십자가 - 여성과 남성이 결합된 고대 이집트의 상형 문자로 영원한 생명 의미

❸ 붉은 옷 - 열정

❹ 투구 - 도전과 투쟁을 서슴지 않음

❺ 보일 듯 말 듯 잔잔히 흐르는 물 - 황제의 권위적, 지배적 이면에 있는 감정(고독한 감정, 부성애 등)

붉은 하늘과 돌산을 배경으로 양머리 모양의 돌의자에 갑옷을 입고 붉은 옷을 걸친 황제가 각 양손에 지팡이와 보주를 들고 어딘가를 향해 옆눈질 하는 시선으로 앉아 있다. (전체적인 분위기는 붉고 묵직하며 다소 편하지 않는 딱딱한 느낌임.)

Key Word	확고한, 지배적/권위적인, 리더십/카리스마/승부욕 있는, 실현 가능성의 역의미 자기중심적인, 고집불통의, 독재적인, 보수적인
수비학	질서, (탄탄한) 기반, 견고함, 통제 / 모성애, 땅, 대지 '2 + 2 = 4' 로 '여성 + 여성' 이나 '견고, 확고'에 의미를 두어 4에 배치.
애정운	남성 우월/가부장적인, 과감/열정적인, 믿음직한, 나이 있는 남성, 유부남, 돌싱, 스폰서 역의미 자기중심적인, 체면을 차리는, 대접을 원하는, 여성 편력 있는
금전운	부를 지닌, 돈을 잘 쓰는, 럭셔리한, 경제력 있는 역의미 돈 관리에 신경을 쓰지 않는, 사치와 낭비적인
직업운	CEO, 자영업자, 사업가, 기업이나 기관의 고위 간부, 정치인

붉은 옷과 갑옷을 입은 모습에서 열정적이며 그 어떤 투쟁과 도전에도 서슴지 않고 항상 싸울 준비가 되어 있음을 알 수 있다. 그러나 4개의 백양이 있는 돌의자에 앉은 모습과 같이 단단하고 딱딱하며 그래서 무뚝뚝하고 단호해 보이지만, 황제가 옆눈질 하는 모습에서도 볼 수 있듯, 권위와 지배력 등을 지키기 위해 편하지만은 않은 자리임을 보여 준다.

오른손에 든 지팡이는 앙크 십자가로도 보이고 금성을 상징하는 금성 기호로 보기도 한다. (그래서 여성 편력도 있음을 보여 준다.) 왼손의 보주는 통상 황제의 권력, 권위를 나타내며, 부를 의미하기도 한다. (간혹 뒷 돌산을 정복하기 위한 폭탄 또는 꼭지가 있어서 술이 담겨 있는 것으로 보기도 하고, 험난한 남성이 짊어지고 가야할 부담으로 보기도 한다. 결국 남성적인 면을 보여 준다.)

또한 석좌 뒤에 보일 듯 말 듯 보이는 물은 황제에게도 감정이 있음을 말하며, 가부장적, 권위적, 지배적 성향 이면에 숨은 아버지의 부성애 또는 고독한 감정들을 나타낸다. 가부장적이고 남성 우월적이나 그럼에도 여전히 여성이 의지하고 기대고 싶은 힘이 있는 남성상을 보여 준다.

❖ Soul Card/Moon Card

최고이고 싶은 기질과 지시를 하고 밀어 붙이는 성향이 강하다. 과정 보다 결과를 중요시하고 선택이나 갈등 상황에서 망설임이 없다. 자기보다 힘 없는 사람을 잘 도와주려고 하나 반대하는 사람에게 화를 잘 내기도 한다. 지배적 성향이 강하면서 이기적이고 고집이 세다. (배려심이 부족하기도 함.)

연애에서는 애인으로서 최고일 수 있으나, 행동과 말이 일치하지 않을 때가 있음에 주의한다. (본인의 이상과는 달리 현실이 안 받쳐주는 경우 더욱더…)

❖ 상징(Symbol)

❶ 삼중관(삼층관, 교황관) - 교황의 상징으로 하늘, 땅, 사람을 의미

❷ 삼중 십자가 - 성부, 성자, 성령의 삼위일체

❸ 천국의 열쇠 - 교황의 상징, 초대 교황으로 받들어지는 사도 베드로에게 예수께서 주신 천국 열쇠 (마태복음 16:19)

❹ 회색 두 기둥 - 흑과 백을 섞은 것으로 두 대상에 대한 중재의 의미 (중재와 조언)

두 개의 회색 기둥 사이 삼중관을 쓴 교황이 오른손은 하늘을 향해 뻗고 있고, 다른 손에는 삼중 십자가를 들고 앉아 있다. 그리고 교황 앞에는 교황으로부터 무언가 답을 구하는 듯한 두 명의 사제가 있고 그 사이에는 엇갈린 두 개의 황금 열쇠가 보인다.

❖ Key word, 수비학적 의미

Key Word	중재/교육자, 규범·전통·지식에 능통한, 원칙·형식 따지는, 독실한 〔역의미〕 고리타분한, 황소 고집의, 실전에 약한, 이중적인(속을 모르는)
수비학	변화, 진보(팽창), 불확실, 완벽 주의 ← 안정적 기반(4) + 시작(1) 안정적 기반에 시작이 더해져 변화/진보 및 불확실성 수반, 변화/진보는 발전을 위한 완벽주의 성향에 기인
애정운	정신적인, 관대한, 도움 주는 사랑, 가르치려는 사랑, 둘을 이어 주는 (중매자) 〔역의미〕 따분한 연애, 속을 알 수 없는, 내색하지 않는 답답한 사랑
금전운	돈과 물질에 욕심이 없는/관심이 없는, 금전적 귀인이 나타나는, 대출 가능 〔역의미〕 돈에 욕심이 있으나 내색하지 않는
직업운	법사, 종교인, 교사/강사, 상담가/멘토, 중개인, 의사/변호사 등 전문가

교황 카드를 통상 선생님이나 스승, 조언자(또는 멘토)로 보곤 한다. 두 명의 사제(둘 다 대머리인 것은 그만큼 일로 스트레스를 받고 있음을 암시하기도 한다)가 머리를 조아리고 답을 구하듯, 교황은 그들이 필요로 하는 해결책을 제시할 수 있는 존재로, 매우 지혜롭고 현명하다고 볼 수 있다.

2번 여사제 카드의 두 기둥이 검정과 흰색인데 비해 교황 카드의 두 기둥은 회색(흑과 백을 섞음)으로 되어 있고, 이는 서로 대치하는 다른 두 힘 또는 존재에 대한 중재자로서의 역할을 의미한다. (바닥의 검고 흰 격자 무늬와 두 개의 엇갈린 황금 열쇠, 붉은 장미와 흰 백합의 다른 색의 옷을 입은 두 사제에서도 이러한 의미를 살필 수 있다.) 때로는 자신이 아는 범위가 이론적일 가능성이 커서 이론은 완벽하나 실전에는 무기력할 수 있으며, 자신이 아는 지식만 고집하여 매우 보수적이고 고지식하게 보일 수 있다.

그림 아래의 두 사제와 같이 가르침을 받는 자리로 볼 수도 있기에, 공부나

훈련이 필요할 시기를 의미하기도 한다. 또한 그러한 입장에서는 교황과 같은 은사 또는 귀인을 만나 도움을 받게 되는 것도 생각할 수 있다.

❖ Soul Card/Moon Card

규칙과 규율 및 원칙을 좋아해서 고리타분하게 보인다. 사람은 좋아 보이나 고집은 황소 고집이다. 눈치가 없을 때가 많고 재치와 순발력이 떨어진다. 항상 주류에 속하고 싶기는 하나, 눈에 띄는 행동을 좋아하지는 않는다. 예의 바르고 도덕적이고 가르치는 것을 좋아하나, 사소한 일에 간섭을 하고 오히려 잔소리가 되기도 한다.

❖ 상징(Symbol)

❶ 선악과(사과나무) - 선악을 알게 하는 나무, 유혹의 나무

❷ 생명나무 - 영생을 주는 나무

❸ 민둥산(벌거숭이산) - 두 존재가 결합하여 생기는 갈등을 극복하고 함께 가꾸어야 할 과제를 의미

❹ 라파엘 천사 - 사랑과 치유의 천사

벌거벗은 두 남녀 사이 하늘에 천사가 보이고 그 위를 태양이 비추고 있다. 그 아래는 민둥산이 있고 두 남녀 뒤에는 각각 한 그루의 나무가 있다.

· 선악과 : 열매가 탐스럽고 먹기에도 좋게 보인다.

· 생명과 : 열매가 불의 모양을 하고 있어 먹는 것은 물론 다가서기 조차도 어려워 보인다.

❖ Key word, 수비학적 의미

Key Word	서로 호감을 갖는, 매력적인, 행운이 따르는 결혼, 결합, 동업 **역의미** (믿음·신뢰를 저버리고) 상처받는, 삼각관계(시선이 다름)
수비학	연합, 상호 보완, 사랑 ← 3 + 3 = 6 최초의 완성(아직 불완전)의 두 존재가 더 완벽하기 위해 상호 보완적 결합을 이룸.
애정운	서로 호감이 있는, 성적으로 끌리는, 로맨틱한, 정신과 육체가 조화된 사랑 **역의미** 호감이 떨어진, 다른 사랑을 찾는, 이별, (구도로 보아) 삼각관계
금전운	이성에게 돈이 나가는, (혼자 하기보다 협력해야) 돈이 되는, 동업의 **역의미** 감정에 치우쳐 무리한 투자를 하는 (신중해야 함), 향락적인
직업운	중개인, 컨설팅, 로비스트, 연애인, 서비스업, 과일 농장 관련 업종

78장의 카드를 통틀어 연애운에서 연인 카드는 누구나 가장 반기는 카드이나, 연인 간의 결합에서 생기는 긍정과 부정의 양면이 모두 나타나 있음에 주의해야 한다. 두 남녀를 축복하는 듯한 모습과 달리 천사의 얼굴은 무표정하게 눈을 감듯 두 연인을 내려다보고 있으며(마치 두 남녀의 사랑이 어떻게 전개될지 지켜보겠다는 듯), 태양은 반쪽만 보이고(완전하지 않음은 사랑의 불완전성도 내포함), 두 남녀 또한 마주 보는 듯한 모습과는 달리 서로 다른 시선을 향하고 있다.

솔로일 때는 외롭고 허전하지만 편하게 원하는대로 지낼 수 있으나, 커플이나 연인이 되면 즐겁고 뿌듯하지만 자신의 생활 방식에 제약이 따른다. 결국 좋은 점과 그렇지 않은 점이 함께한다는 것이다. 카드의 이미지에서 남녀 뒤로 보이는 나무가 서로 다른 것을 볼 수 있는데, 남자 뒤의 나무는 생명나무로 가지에 불꽃잎이 있어 열정과 욕망이 있으며, 여자 뒤의 나무는 탐스런 과실과 뱀이 있는데 선악과로서 이렇듯 내면에 가지고 있는 것이 서로 다르고, 따라서 원하는 것도 다르다는 것이다. 연인끼리 때로 싸우거나 남녀가 서로를 이해 못하고 이상하게 보기도 하는 데는 그 근본에 서로가 가진 것이 차이가 있기 때문이다. (또한 생명나무의 불꽃잎의 불꽃이 너무 과하거나, 선악과의 탐스런 과일을 뱀의 유혹으로 따 먹는다면 그에 따른 대가를 치러야 함을 의미한다.)

때로는 연인 카드가 단순히 이성으로서가 아니라, 자신을 보완하고 협업할 수 있는 유의미한 동반자 또는 협업자를 보여 주기도 한다.

※ 6번 연인 카드는 15번 악마 카드와 구도가 비슷하며, 수비학적으로도 연관되어 있다. 차이는 연인 카드는 정신과 육체의 조화된 사랑이고 악마 카드는 육체적 사랑에 가깝다는 것이다.

❖ Soul Card/Moon Card

재능은 좋으나 혼자서 주도적으로 하는 것에 약하여 독립적이지 못하고 의존하고 싶어 한다. 성실하고 마음이 따뜻하나 거절을 잘 못하고 아름답고 예쁘게 보이기를 좋아한다. 감정에 잘 동화하며 봉사하며 여러 사람들과 관계 맺기를 좋아한다. 사랑을 갈구하고 외로움을 많이 타며 연애에 있어 징징거리는 타입이기도 하다.

❖ 상징(Symbol)

❶ 날개 달린 태양 원반 - 태양과 하늘의 지배
   자 의미

❷ 링가와 요니
   - 링가: 힌두교 시바신 상징으로 남성
   - 요니: 샤크티 여신 상징으로 여성
     다른 카드 덱에서는 태극 문양을 사용하
     는 경우도 있다.

❸ 스핑크스 - 사자의 모습은 힘, 사람의 머리
   는 지혜 의미

❹ 어깨의 달 - 상현달과 하현달로 자연의 순
   리와 윤회, 대립의 의미와 조화를 나타냄

시선을 달리하고 다른 방향으로 자세를 취한
흑백의 두 스핑크스: 대립되는 두 요소를 잘
조율하고 통제해야 전차는 조정하는 방향으로
나아갈 수 있음을 의미. (링가와 요니도 대립되는
두 요소임.)

머리에는 별 장식의 왕관과 월계관을 쓰고, 어깨에는 초승달 모양의 견장이 있는 갑옷을 입고,
지휘봉을 들고 있는 멋진 남성이 흑과 백의 스핑크스가 끄는 전차에 있다.

❖ Key word, 수비학적 의미

Key Word	행동적인, 변화/이동하는, 주도적/개척적인, 균형/통제하는, 기술/요령 있는
	역의미 불균형의, 의지가 약한,사건(소송, 전투)에 말려드는, 이중적인
수비학	균형, 조화, 이중성, 행운 수, 신의 수, 완성 수
애정운	주변에 이성이 많은(인기가 있는), 매력적인, 열정적인, 화끈한, 사랑의 승리/쟁취
	역의미 바람기가 있는, 겉은 강한 듯 하지만 속은 약한, 비밀스러운
금전운	재테크에 능한, 돈을 열심히 버는
	역의미 균형이나 통제 없이 돈을 쓰는
직업운	군인, 경찰, 관리사, 기업이나 기관의 관리자, 운송 업종

성을 지키기 위해 전쟁터로 나가는 장군의 모습을 한 인물은 별 장식의 왕관을 쓴 모습에서 오래전 별을 보고 방향을 알 듯 가고자 하는 방향(확실한 목표)을 정확히 알고 있음을 의미하고, 어느 정도 지위가 있음을 나타낸다.

새로운 일을 시작하려 할 때, 현 상황에서 전차 카드가 나오면 그 일을 시작할 준비도 되어 있고 어느 정도 방향도 설정된 상태라고 볼 수 있다. 오른손의 지팡이(완드)는 불을 상징하여 행동, 모험, 열정과 에너지를 나타내고, 갑옷 또한 황제 카드에서와 같이 호전성과 추진력을 의미하여, 더 나은 것(발전)을 위해 기존의 틀을 깨고 나아가려는 진보성까지도 보여 준다.

그러나 중요한 것은 바로 전차이다. 서로 다른 방향을 바라보는 검정 스핑크스와 백색 스핑크스는 전차를 앞으로 나아가기 위해 (양극성의 두 스핑크스를) 잘 다스려야 함을 보여 준다. 또한 빠르게 달리는 전차의 지나친 목적 지향적 행동으로 주변 일에 무관심하며 주변 사람의 조언도 아랑곳하지 않으므로 올바르지 못한 방향으로 나아갈 수 있다.

전차 카드의 인물을 헬리오스의 아들 파에톤으로 보기도 하는데, 서툰 솜씨로 아버지 헬리오스의 태양 마차를 탔다가 제우스의 번개에 죽음을 맞이한 것처럼 추진력 있게 나아가는 모습은 바람직하나 앞뒤 가리지 않고 숨 가쁘게 달리는 가운데 놓치는 것은 없는지 곰곰이 살피는 자세도 필요하다.

❖ Soul Card/Moon Card

전차 카드에 부재를 붙인다면 역마(驛馬) 카드이다. 적극적이고 활동적이며, 승부욕과 성취욕이 강하고 역마 카드답게 돌아다니길 좋아하고, 새로운 것에 관심이 많고, 지도자가 되길 바란다. 언변이 좋고, 사교적이며, 멀티 플레이어로, 말보다는 행동이 앞선다.

❖ 상징(Symbol)

❶ 붉은 장미 - 장미는 자연, 순수 붉은 색은 열정

❷ 흰 옷 - 순수함

❸ 뫼비우스의 띠 - 영원, 영속, 무한, 지혜

❹ 사자 - 힘, 용기와 강인함과 동물적 본능, 욕구, 욕망 의미

❺ 담쟁이 넝쿨 - 끈기와 용기를 의미

사자가 원초적(본능, 욕구, 욕망)인데 비해 여성은 초월적(의지, 인내, 신념)인 것을 의미함.

흰옷에 머리와 허리에 꽃을 두른 여성이 꼬리를 내리고 여성을 올려보는 사자의 턱과 콧등을 어루만지며, 마치 어린아이를 대하듯 사자를 능숙하게 다루고 있다.

❖ Key word, 수비학적 의미

Key Word	자신감/의지 있는, 용기/신념 있는, 인내와 자제력, 지혜로운, 강한 상대를 잘 다루는 역의미 자신감/의지가 없는, 무기력한, 끈기 없는, 본능/욕망에 빠진(제멋대로의), 힘의 과용
수비학	영원, 영속 ← '8 = 2 + 2 + 2 + 2' 로 균일하게 나누어짐은 일이 차근차근 진행되어야 함을 의미함.
애정운	상대를 잘 다루는, 욕망을 억누르는, (애정 전선의) 난관을 견디는, 외유내강의, 스태미너가 좋은 역의미 견디지 못하고 헤어지는, 질투심과 소유욕이 강한
금전운	돈을 잘 다루는(관리하는), 금전 계산을 잘하는, (어려움을) 견뎌 내는, 한 번 쓸 때 크게 쓸 줄 아는 역의미 절제 못 하는 지출, (경제적) 난관을 극복하지 못하는
직업운	감독이나 관리자, 사람을 상대하는 전문직, 교사, 강사, 조련사, 트레이너

머리 위의 뫼비우스 띠는 지속적이고 끊임없는 정신적인 힘을 나타내어, 백수의 왕 사자의 물리적 힘을 정신적 힘으로 통제하고 있음으로, 힘 카드는 물리적 힘을 억누르고 제어하는 강력하고 무한한 정신적 힘에 초점을 두고 있다. 따라서 사자가 의미하는 원초적 부분(욕망, 욕심, 본능)을 여성의 초월적 부분(의지, 인내, 신념)으로 통제 조절한다는 관점에서 이해할 수 있다. 힘 카드가 영혼 카드인 경우 자신보다 강한 존재를 잘 다루는 성향이 있기에 상당한 이점이 있으나 반면 조절과 통제를 위해 억누르는 내면에는 사자의 위험이 도사리고 있다.

실전에서는 힘 카드는 좋은 상황은 아님을 얘기하는 경우가 많다. 용기, 인내, 노력, 극복 등 단어로만 보면 좋은 의미지만, 이런 단어들이 필요할 때가 과연 언제일지를 생각하면 그 상황이 녹녹하지만은 않기 때문이다.

결국 사자를 길들이고 조련하려면 많은 시간과 노력, 체계적인 단계가 요구되고 단시간에 급하게 다루려 한다면 언제든 사자의 본능적 야생성에 희생이 될 수도 있기에, 욕망과 본능을 통제, 조절, 자제하며 시간과 노력이라는 단계가 필요함을 염두하고 일을 진행하는 것이 중요하다. 또한 사자가 무엇을 바라는지도 잘 살펴야 하는데, 그렇지 못할 경우 아무리 능숙한 조련사라도 언제든 사자에 물릴 수 있음을 간과해서는 안 된다. 따라서, 내면의 욕망과 본성이 실로 원하는 것은 무엇인지도 잘 살펴야 한다는 것을 힘 카드는 전달한다. (지금까지의 인내의 수고가 현타로 어느 순간 무너질수도….)

❖ Soul Card/Moon Card

욕심이 많고 질투심도 많지만 자존심 때문에 내색하지 않으려고 한다. 모성본능이 강하나, 내면에는 욱하는 기질도 강하다. 거짓말을 잘 하지 못하며 주어진 일은 스피드하고 완벽하게 잘하려고 한다. 재치와 순발력은 조금 떨어지지만 안정 지향적이고 계산이 빠른 사람이다.

❖ 상징(Symbol)

❶ 육각별(헥사그램) - 신성한 길잡이 수호와 희망의 상징

❷ 수염 - 연륜과 지혜

❸ 눈 덮인 산 - 고독과 외로움 그리고 시련의 환경을 의미함

육각별은 시온의 별 또는 다윗의 별이라 불리며, 두 삼각형 △(여성), ▽(남성)의 원리와 하늘과 땅의 통합과 창조를 나타내며, 은둔자가 찾고자 하는 진리나 지혜를 의미함.

설산(또는 구름) 위로 보이는 곳에 지팡이를 짚고 등불을 들고 있는 나이가 많아 보이는 사람이 눈을 감고 다소 고개를 숙인 채 홀로 서 있다. (전체적으로 어둡고 고독하며, 무언가를 구하는 느낌이다.)

❖ Key word, 수비학적 의미

Key Word	지혜로운, 경험이 많은, 신중한, 내적 성찰의, 지식이 깊은, 외로운, 현실에서 물러나 번민하는 역의미 현실 세계로 돌아오는, 지혜롭지 않은
수비학	완성, 승화, 이상, 끝, 휴머니즘 ← 수비학의 마지막 수, 3 + 3 + 3 불완전한 존재 둘에 하나가 더해진 우리의 개념 (휴머니즘)
애정운	정신적 사랑, 헌신적 연민과 동정의 연애, 소심한 연애 역의미 고독한 (사랑), 짝사랑, 표현을 않는 사랑, 너무 진지한 사랑
금전운	돈을 멀리하는, 돈에 무관심/무소유, 돈이 모이지 않는(돈벌이가 안 되는) 역의미 속으로는 돈 욕심이 있는
직업운	철학자, 수행자, 연구원, (특정 분야의) 전문직, 교수, 교사

은둔자 카드는 고대 그리스 철학자 디오게네스를 모델로, 그는 세속적 욕망을 버리고 자연에 적합한 것만 취하면 얼마든 행복하게 살 수 있다고 믿었다. 은둔자는 쉽게 생각하면 산에서 도를 닦는 신선이나 도인 정도로 생각해 볼 수가 있다. 그런 사람들은 자신의 소신과 가치관이 강하며 고집도 있다. 때로는 자신이 관심 있는 분야에만 집중하기 때문에 시야가 좁고 주변의 말에 잘 귀 기울이려 하지 않는다. 혼자서 생각이 많아서 안 해도 되는 걱정이나 시나리오를 만들기도 하며 그럼에도 실천성이 떨어지는 경우가 많다.

은둔자 카드는 밖으로 드러내지 않지만 자신만의 코드와 가치관이 분명하기 때문에 다른 사람과 맞추기가 쉽지 않고, 때문에 자신의 코드와 가치관에 잘 맞는 사람을 만나야 한다. 연애도 하고 싶은 생각은 있지만 본래 혼자 있어도 잘 지내는 성향이 있다. (이미지를 보면 외로운 듯 보이나 외롭게 보이지 않는다.) 성향적으로 자신의 세계에서 많은 것을 생각하고 마음을 잘 열지 못하나, 한 번 마음을 열면 그 사람에게 헌신적이며 진지하고, 헤어지더라도 오랫동안 잊지 못한다.

그러나 은둔자는 바쁘게 살아온 것에 대해 혼자만의 시간을 갖고 자아 성찰 할 필요가 있음을 암시하기도 한다.

❖ Soul Card/Moon Card

가벼워 보이는 사람도 있지만 대부분 신중하고 섬세하며, 아이디어도 좋지만 자신의 감정 표현을 잘 하지 않는다. 능력은 있으나 조직 생활에 익숙하지 않고 번잡한 것을 즐겨 하지 않는다. 자신이 다른 사람과 다르다고 생각하며, 주변에 크게 개의치 않고 관심을 두지 않는다. 혼자만의 세계를 갖고 있기에 주변과 어울리지 않아도 무료해 보이지 않는다.

❖ 상징(Symbol)

❶ 테트라모프(4 생물) - Tetra: 4, Morph: 모양 사람, 독수리, 사자, 황소를 일컬음.

❷ TORA - 모세 5경의 두루마리 성경, 거꾸로 읽으면 ROTA(바퀴)라는 뜻이 된다.

❸ יהוה - 히브리어로 여호와 하나님을 나타내는 네 글자, 네 글자를 수직으로 세우면 똑바로 선 '사람 모양'이 된다.

테트라모프의 상징:

· 사람-공기/겨울/물병자리
· 독수리-물/가을/전갈자리
· 사자-불/여름/사자자리
· 황소-흙/봄/황소자리

모세 5경: 창세기, 출애굽기, 레위기, 신명기, 민수기

티폰과 아누비스:

· 티폰-인생의 하락기
· 아누비스-인생의 상승기

'T O R A' 라고 쓰인 거대한 수레바퀴가 보이고 그 위에는 칼을 든 스핑크스가 있고, 왼쪽편에는 티폰이, 오른쪽 아래에는 아누비스가, 그리고 각 모퉁이에는 사람, 독수리, 사자, 황소의 테트라모프가 책을 보고 있다.

❖ Key word, 수비학적 의미

Key Word	변화·진보·전환, 변화하는 시점(터닝 포인트), 새로운 기회·시작, 순리, (운명적인) 행운, 성장/확장 **역의미** (현 상황이 좋은 경우) 앞으로 나빠질 수 있는, 악연 또는 악운이 시작되는
수비학	시작, 탄생, 근원, 신 ← 10 → 1 + 0 = 1 (새로운) 시작도 의미하며, 완성 뜻도 있어 완성과 다른 시작(진보·변화)의 중의성을 가짐
애정운	행운의 만남, 운명적 사랑·연애·결혼, 천생연분 **역의미** 관계의 끝을 맺는, 인연을 잊지 못하는(헤어지는), 잘못된 만남
금전운	자금 회전이 되는, 수익을 재투자하는, 금전적 행운 **역의미** 유동성이 없는, 돈줄이 막힌, 돈을 잃는 상황으로 전환되는
직업운	역학자, 철학자, 신부/목사/스님/무속인, 천문학자, 생명 공학, 재활 관련 업, 의사

10은 완성의 수이지만 '1 + 0 = 1'로 (새로운 시작을 의미한다. 따라서 완성과 (또 다른) 시작이라는 중의적 의미를 갖는다. (완성이면서 또 다른 시작이란 결국 변화 또는 진화, 성장을 내포한다.). 10번 운명의 수레바퀴는 시간이 어느 누구도 멈추거나 뒤로 돌리지 못하며 자연스레 흘러가듯 변화와 순리라는 키워드를 지니고 있다.

10번 카드의 또 다른 중요 의미는 행운, 좋은 기회나 시기 적절한 타이밍을 말하는데, 앞서 순리에 맞게 돌아간다는 뜻을 감안하여 보면 운명적인 행운이나 기회를 생각할 수 있다.

그러나 간과해서는 안 될 것은 그런 행운이 아무에게 오는 것은 아니라는 것이다. 카드의 네 모퉁이의 상징들이 모두 책을 보고 있는 것은 마치 S기업에서 "아내와 자녀을 제외하고 모든걸 바꿔라!" 했듯이 우리 자신이 수레바퀴의 변화 맞추려 늘상 노력해야 함을 보여 주고 있다.

❖ Moon Card

　빠른 행동력을 보이며 주변에도 잘 적응한다. 보이지 않는 정신세계에 관심이 많다. 급한 성격은 아니라 가끔 기회를 놓치기도 한다. 인간관계를 소중하게 생각하는 사람이다.

※ 앞서 Soul Card와 Moon Card의 설명에서와 같이, 1~9번 카드는 Soul Number와 Moon Number를 동시에 갖지만, 0번 카드와 10~21번 카드는 Moon Number만을 갖고 있음에 주의한다.

❖ 상징(Symbol)

❶ 저울 - 천칭 저울

❷ 검 - 엄격한 집행, 결단, 힘

❸ 보라색 천 - 보라색은 빨강과 파랑을 섞어 만드는데, 빨강은 남성과 정신적인 것을 파랑은 여성과 감각적인 것을 의미하여 이중성을 내포한다. 때로 보라색은 무지개에서 보라 다음 보이지 않는 자외선이므로 보이는 영역과 보이지 않는 영역의 경계로 영성적 의미를 갖는다.

❹ 왕관의 세 기둥과 파란색 사파이어 - 기둥의 양쪽 2개는 대립과 균형, 가운데 1개는 타협을, 파란색 사파이어는 냉정함을 의미함.

❺ 붉은 옷과 붉은 루비 - 따뜻한 가슴

고대 정의의 여신은 통상 칼과 저울을 들고 있으며, 우리나라 대법원의 여신상은 전통 복장에 오른손은 저울을 왼손은 법전을 들고 무궁화 의자에 앉아 있다.

두 개의 회색 기둥 사이에 보라색 천이 양 기둥 사이에 걸려 있다. 그 앞에 붉은 옷과 녹색의 망토를 입고 푸른 보석이 박힌 관을 쓴 사람이 오른손에는 검을 곧게 들고 왼손에는 천칭을 들고 앉아 있다.

❖ Key word, 수비학적 의미

Key Word	공평한, 정의로운, 합리적인, 논리적인, 객관적인, 공과 사가 확실한 역의미 저울질하느라 우유부단한, 까다로운, 고지식한, 편애하는
수비학	조화, 균형, 결합, 대립, 갈등, 분리, 이중성 ← 11 → 1 + 1 = 2 로 숫자 2의 의미를 갖는다.
애정운	합리적이고 계산적인 연애, 감정에 휘둘리지 않는 연애, 결혼으로 이어지는 연애 역의미 저울질하는, 결정을 못 하는, 불공평한 연애, (이혼 등) 소송
금전운	일한 만큼 버는, 합당한 대가, Give & Take, 계산적인 역의미 하는 만큼 벌지 못하는, 노력한 만큼 성과를 얻지 못하는
직업운	판사, 검사, 법조계, 세무사, 회계사, 공공기관, 중개인

11번 정의 카드는 재판이나 소송과 연관되어 관재 카드라고 부르기도 하는데, '11 → 1 + 1 = 2'로 숫자 2와 상응하여, 두 힘 사이의 대립, 갈등, 분리와 균형, 조화, 결합이라는 상반된 요소를 포함하고 있다. (2번 여사제 카드의 대립과 갈등이라는 주제와도 연결된다. 차이라면 여사제는 흑과 백의 두 기둥을 정신적 여성성으로 조절한다며, 정의는 보라색 천과 같이 영성적인 부분 가운데 지적이고 도덕적인 부분을 객관적이고 합리적으로 조율한다는 것.)

정의 카드에서는 두 가지의 이중성을 살피는 데 중간적 의미에 중점을 두고 있어, 평형을 이룬 저울, 똑바로 들고 있는(치우치지 않은) 검, 회색의 두 기둥, 빨강과 파랑의 혼합인 보라색 천, 보이는 발과 보이지 않는 발. 이 모든 것은 객관적이고 합리적인 관점에서 치우침이 없음을 일관되게 보여 주고 있다.

머리에 쓴 관의 파란색 보석과 붉은 옷도 같은 선상에서 볼 수 있으며, 판단은 파란 보석처럼 냉정하게, 집행은 붉은 옷과 같이 힘 있게 함을 생각할 수 있다. 그러나 정의 카드가 내면 카드인 사람은 우유부단한 면이 있을 수 있다. (마치 저울질만 하다가 결정을 하지 못하는…)

　장점으로는 스마트하고 예의가 바르며, Give & Take가 확실하고 합리적이고 객관적이다. 정의 카드는 힘 카드와 같이 의미 자체로는 좋으나 그다지 반갑지는 않은 카드이기도 하다. 자신이 너무 객관적 공평한 판단을 내세워 오히려 피해를 입을 수도, 줄 수도 있음을 생각하고, 무언가 결정하는 데 있어 너무 주저하지는 않는지도 살펴볼 수 있겠다.

❖ Moon Card

　매사 계산적이고 분석적이며 싫고 좋음이 분명하다. (드라이아이스 같은 사람, 냉정하고 차갑다.) 신중하며 변덕이 없고 깊이 생각하고 판단하는 성향이 강하다.

❖ 상징(Symbol)

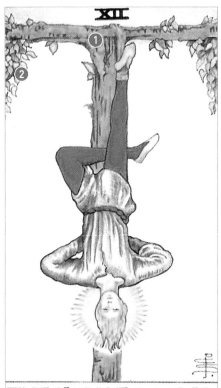

❶ T형 십자가 - 타우 십자가로 불리며 희생과 구원, 생명과 부활을 의미

❷ 나무의 열매 - 시간을 갖고 수행하면 부활이나 성과를 얻을 것을 암시 또한 매달린 사람의 미소 짓는 얼굴과 머리의 후광(헤일로, Halo)도 같은 의미임.

잎과 열매가 달린 T자 모양의 나무에 여유롭고 온화한 모습의 얼굴로 한 인물이 거꾸로 매달려 있다. 양손을 뒤로 한 채 오른발은 묶였고 왼쪽 다리는 구부리고 있으며, 머리에는 후광(헤일로, Halo)이 보인다.

❖ Key word, 수비학적 의미

Key Word	희생하는, 참고 기다리는, 자아 성찰의, 와신상담, 인식이나 관점을 전환하는, 정체/침체, 시련 **역의미** 참지 못하는, 필요한 노력을 하지 않는, 정체된, 열매(성과) 없는 희생(헛된 수고)
수비학	최초의 완성, 안정, 토대 ← 12 → 1 + 2 = 3 여황제 카드와 연관 사람이 거꾸로 있는 모습에서 '임신'의 키워드를 갖기도 한다.
애정운	때를 기다리는, 참고 기다리는, 헌신적 애정/사랑, 시간이 없거나 돈이 없는 사랑 **역의미** 상대에게 다가갈 수 없는, 이루지 못할 사랑
금전운	유동성이 없는, 정체된, 자금 회전이 안 되는 자산, 빈궁한, 부도 **역의미** 유동성이 풀리는
직업운	사회 봉사 관련 직종, 수도자/종교인, 체조/요가, 예술가

숫자 12는 수비학적으로 3(=1+2)과 상응하여 최초의 완성의 의미를 갖는 여황제 카도와 연관되고, 사람이 거꾸로 매달린 모습으로부터 임신의 키워드를 갖기도 한다. 가장 대표적 키워드는 희생·시련·인내가 되나, 생각할 점은 매달린 사람의 표정이 한쪽 발이 묶여 거꾸로 있으면서도 편안한 얼굴을 하고 있다는 것이다. (스스로 거꾸로 매달림으로써) 머리를 아래로 향한 것은 자신을 낮춘다는 것이며, 또한 땅을 향함으로써 내면의 바닥, 즉, 본능, 무의식에 대한 탐구와 관찰을 수행한다는 것이다. 스스로 거꾸로 매달리는 선택을 하여 희생하고 인내함으로 성장과 거듭남을 도모할 수 있게 되는 것이다. 결국 자아 성찰이나 정신적 성장의 과정(인고의 시간) 없이는 열매 맺는 성과를 얻을 수 없음을 전달한다. 결국 자아 성찰이나 정신적인 성장 없이는 거듭날 수 없음을 전달한다.

때로는 그러한 추구가 일반 대중에게는 쉽게 다가가지 못할 수도 있으며, 헌신이나 봉사로 보아 종교인이나 자원봉사자로 보기도 하며, 뛰어난 예술가나 연예인 등으로 표현되기도 한다. 자유롭게 움직이거나 활동할 수 없기에 답답

하고 정체된 상태, 인내 시간이 요구되는 시기, 희생과 시련의 시기로도 보고, 약물이나 알코올, 도박, 섹스 등에 중독된 상황 또는 현실 도피적인 상태의 부정적인 의미를 갖기도 한다.

세상을 남다른 시선으로 바라보는 사람, 주도하기보다 멀리서 바라보는 사람…. 그러나 지금은 정체되어 있지만 인내와 수행 속에 다가올 희망을 갖는 사람. 어쩌면 세상은 이러한 사람들이 있어서 새로운 동력을 얻는 것은 아닐까…. (상황을 역지사지하며, 와신상담과 절치부심의 자세로 난관을 헤쳐 나가면 메달린 사람의 혜일로처럼 분명 깨달음이 있을 것이다.)

❖ Moon Card

성격은 선천적으로 착하고 봉사를 잘하며 생각과 감정을 잘 드러내지 않는다. 부탁을 받으면 거절을 잘 못하며, 의지가 약하고 우유부단하기도 하다. 부정적으로는 몽환적이고 1% 부족한 사람, 또라이같이 남들과 다르며 특이하여 사회생활과 대인 관계가 원활하지 못하며, 의지가 약해 약물이나 알코올 중독이 될 수도 있다.

❖ 상징(Symbol)

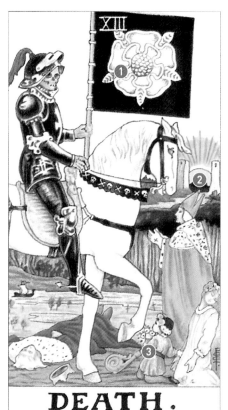

❶ 검은색 - 죽음, 끝, 두려움

흰색 - 순수, 청결, 지금까지의 모든 것을 하얗게 지워 버리고 새로운 시작을 알리는 재출발, 부활

죽음의 흑기사는 교황의 애걸하는 모습에도 전혀 무심한 듯…

❷ 두 탑 사이의 떠오르는 태양 - 새로운 출발

❸ 꽃을 든 어린아이 - 왕은 죽었으나, 아이는 성장하며 다음의 왕이 될 수도 있는 희망을 의미

눈을 감고 고개를 돌린 여성 - 그동안의 속박에서 자신을 내려놓듯 포기(죽음)하며 운명을 받아들이는 모습

맞이하는 듯한 종교인(교황) - 물질의 지배자는 죽음 앞에서 굴복했지만, 정신의 지배자인 교황은 죽음 앞에서도 굴하지 않음을 의미 (정신력을 통한 지금의 몰락(실패)을 극복하여 새로운 미래를 구함)

※ 장미의 의미

하얀 장미: 순결, 순진, 존경, 매력
붉은 장미: 욕망, 열정, 아름다움, 절정
검은 장미: 당신은 영원히 나의 것

해골 머리의 기사가 하얀 장미가 그려진 검은 깃발을 들고 백마를 타고 있다. 백마의 발아래에는 (왕관이 벗겨진 채) 왕 또는 영주로 보이는 사람이 죽은 듯 누워 있고, 앞에는 어린아이와 여성이 있으며, 종교인으로 보이는 사람이 기사를 맞이하는 듯하다.

❖ Key word, 수비학적 의미

Key Word	마지막, 끝, 죽음, 파멸, 몰락, 포기
	역의미 (무언가를 종결하고) 새로운 시작, 출발, 전환, 변화
수비학	질서, (탄탄한)기반, 견고, 통제 ← 13 → 1 + 3 = 4 황제 카드와 연결 그림에서 흑사병으로 인한 황제(영주)의 몰락(죽음)이 보인다.
애정운	이별, 헤어짐, 이혼, 포기, 최악의 조건, 시한부와의 사랑 역의미 새로운 만남, 관계의 변화(전환)
금전운	(강자의 입장에서) 잃게 되는, 몰락하는, 돈이 꽉 막힌 역의미 (잃을 게 없거나 새로 시작하는 입장에서) 새롭게 출발하는
직업운	상조업, 방사선 관련 업종, 활인업, 어렵고 힘든 직업, 경찰/군인

수비학적으로 1 + 3 = 4로 4번 황제 카드와 연결되어, 끊임없이 노력하고 이루어 낸다면 황제가 되는 것이나, 중도에 포기하거나 황제의 권력이나 지배력이 지나치면 결국 많은 사람들이 피해를 보게 되며, 종국에는 자신 또한 몰락(죽음)하게 됨을 전달한다. 또한 4는 물질과 대지의 의미로 죽어서 돌아가는 곳이 대지, 곧 땅이라는 의미도 된다. 단어 그대로 죽음이나 종말을 의미하고 서양의 경우 13층이 없을 만큼 일상에서조차 두려워하고 꺼려 하는 죽음 카드지만, 누구나 그 죽음을 피할 수 없기에, 통상 갖는 선입견으로 죽음과 종말의 의미를 그대로 받아들이는 것은 죽음 카드를 바르게 이해하는 데 도움이 되지 못한다. 누구나 피할 수 없는 죽음과 종말이지만, 낡고 오래되거나 쓸모 없어진 것들을 버리고 다시 새로운 것으로 변화시키고 탈바꿈하는 것으로도 볼 수 있다. 여기서 13번 죽음 카드의 또 다른 의미는 새로운 탄생이나 시작을 전하기도 한다. (두 탑 사이로 떠오른 태양처럼….)

그러나 죽음 카드의 메시지는 새로운 시작보다는 무언가의 종결에 초점에 무게를 두어, 낡고 오래된 것 또는 이제 종말을 맞이해야 하는 것을 버리고 정리해야 한다는 메시지가 더욱 강하다. 따라서 간과해서는 안 되는 것은 무엇이 끝나는 것인지를 잘 살펴야 한다. 소중히 생각하는 것의 끝인지, 인내하며 벗어나려는 상황의 끝인지, 사랑하는 사람과의 종말(헤어짐 등)일 수도, 아니면 지금껏 사랑하는 둘을 가로막고 있었던 장애나 상황의 끝인지. 따라서 죽음 카드는 글자 그대로 두려운 것이지만, 그 내면에는 새로움과 새 출발로의 거듭남을 포함한 전환점을 제시하는 카드이기도 하다.

❖ Moon Card

적극적이고 새로운 일에 겁 없이 덤비며 전혀 다른 일도 잘 도전하며 두려움 없이 인내심을 갖고 일에 몰두하기도 한다. (다만 한 가지 일만 끈기 있게 하지는 못하는 성향이다.) 과격한 스포츠나 극한 일을 잘 즐기기도 한다. 배려심이 약하고 감정 표현이 취약한 면이 있다.

❖ 상징(Symbol)

❶ 빛나는 노란 왕관 - 노란색은 깨달음을 뜻 하며 영적 수행의 완성을 의미

❷ 붓꽃 - 아이리스라 하며, 무지개 여신 이리 스(Iris)에서 유래. 이리스는 무지개를 따라 신의 메시지를 전하므로, 신성과 신의 메시 지를 의미함. 붓꽃의 꽃말을 - 좋은 소식, 신비로운 사람

❸ 물 속에 담긴 발과 땅에 디딘 발 - 물은 잠 재의식을 땅은 현실을 의미하여 그 둘 사이 의 조화와 균형을 표현함.

천사처럼 보이는 인물이 물속에 한쪽 발을 담그고 다른 발은 물 밖에 내놓은 채, 눈을 감고 양 손에 있는 두 컵의 물을 서로 섞듯이 주고받고 있다. 인물의 뒤에는 길이 하나 있고 그 끝에는 환희 빛나는 왕관 형상이 있다.

❖ Key word, 수비학적 의미

Key Word	융화/융합/통합/중재, 절제/인내/극기, 이해와 수용(양보), 동업 **역의미** (에너지를 소모하나) 교류/대화/조정 안 되는, 불행한 결합(동업)
수비학	변화, 진보(팽창), 성장, 불확실 ← 14 → 1 + 4 = 5교황 카드와 연관 (절제를 통한) 중재와 조정, 중용의 의미를 담고 있다.
애정운	서로 잘 융화하는(어울리는), 서로 화합하는, 서로 배려하고 양보하는, 티키타카가 잘되는 **역의미** 애정의 조절이 서투른, 잘 맞지 않는, 상대방의 변심
금전운	돈을 잘 관리하는(굴리는), 절제된 지출을 하는, 동업하는 **역의미** 절제되지 않는 지출, 인내와 끈기에도 성과를 얻지 못하는
직업운	중개인, 매니저, 상담사, 자산 관리사, 수산업, 바리스타, 제약 회사

1 + 4 = 5로 5번 교황 카드와 연관되며, 두 카드 모두 중재와 중용의 의미를 담고 있다. 14번 절제 카드에서 주목할 부분은 두 개의 컵을 들고 물을 섞고 있는 모습으로, 적정한 선을 찾는 과정, 즉, 일종의 균형이라고 이해할 수 있다. 차이라면 7번 전차 카드는 두 스핑크스의 조율에 의한 균형을, 11번 정의 카드는 5:5의 균형을 통한 타협을, 14번 절제 카드는 융화와 융합을 통한 새로운 균형을 의미하는 것으로 보면 좋다.

주의할 점은 눈을 감고 가만히 서 있는 모습에서 진행이 안 되거나 멈춘 상태로 보아서는 안 된다. 눈을 감은 것은 물을 섞는 과정에 집중하고 있기 때문이며, 두 컵의 물을 섞고 있음은 일을 진행하고 있다는 것이다. 다만 목표를 향해 조급해하지 않고 주변과 융화하며 인내하고 또 극기하며 천천히 나아가는 것으로 이해하는 것이 좋겠다. (천사의 붉은 날개와 가슴의 삼각형은 불을 상징하는 것으로, 신중한 모습의 내면에서는 열정이 함께함을 살필 수 있다.)

애정운에서도 절제 카드는 예로서 남녀가 서로의 차이를 극복하여 하나로 융화되듯 비교적 좋은 카드로 해석을 하며, 두 가지 힘의 균형을 찾는 의미로 중재자나 상담사로서의 역할을 하기도 하며, 높은 이상과 목표를 향해 열심히 노력하는 인물을 나타내기도 한다. 절제 카드는 정신과 물질, 의식과 무의식, 이상과 현실, 육체와 영혼 그리고 자신과 타인과의 관계를 조절하기 위해 절제가 필요하며, 높은 이상과 목표는 중용과 절제를 통하여 인내하고 주변에도 적절한 양보로서 융화하면 자신도 모르게 다가오게 됨을 말해 주는 카드이다.

❖ Moon Card

활동력이 강하지 않지만 조직 생활을 잘하며 누구와도 잘 어울리며 조용하고 꾸준히 성과를 내기도 한다. 자신의 주장을 적극적으로 어필하지는 못한다.

❖ 상징(Symbol)

❶ 역 오각별 - 오각별(펜타그램)을 거꾸로 하여 악마의 상징

❷ 오른손을 든 것은 무언가 다 해 주겠다는 맹세라도 하는 듯한… 그러나 그 손가락 모양이 이상하다… 거짓 맹세를 의미

❸ 염소 - 악마의 모습으로 그려지며, 염소는 식물의 잎·줄기·껍질 심지어 뿌리까지도 먹기도 하여 무차별적인 욕망이나 정욕을 갖는 것으로 표현된다.

❹ 헐렁한 쇠사슬 - 구속과 속박을 의미하나 쇠사슬이 헐렁함은 자신의 의지만 있다면 언제든 벗어날 수 있음을 의미

❺ 꼬리의 포도송이 - 포도송이는 다산의 상징이나 여기서는 신성한 교류의 그릇된 사용을 의미

❻ 꼬리의 햇불 - 불은 신의 열정을 상징하나 여기서는 영적인 열의의 그릇된 사용을 의미. 꼬리는 이성적인 머리와 달리 잠재된 동물적인 욕구의 의미를 갖는다.

염소 모양의 얼굴을 하고 인간의 몸에 박쥐 날개를 가진 악마가 오른손은 위로 들고 다른 손에는 햇불을 들고 있다. 악마의 발아래에는 쇠사슬을 목에 걸고 있는 머리에 뿔이 난 두 남녀가 서 있다.

❖ Key word, 수비학적 의미

Key Word	유혹에 빠진, 욕망의, 중독된, 집착하는, 구속/속박, 집착/중독 역의미 속박에서 빠져 나오는(해방되는), 나쁜 인연의 탈출, 욕심 버림
수비학	연합, 통합, 상호 보완, 사랑 ← 15 → 1 + 5 = 6 연인 카드와 연관 차이는 본능, 물질, 욕정을 통한 연합(사랑)으로 이해할 수 있다.
애정운	관능/성욕에 빠진, 구속하고 집착하는, 육체/물질적 사랑, 불륜 역의미 유혹의 덫에서 빠져나오는, (나쁜 인연에서) 헤어지는(벗어나는)
금전운	유흥적인 소비/지출, 빚 더미, 불법적인 금전 거래, 벌금이나 과태료
직업운	유흥업, 도박, 사채업, 증권업/금융업, 강인한 직업군(경찰, 군인 등), 성인 용품

15번 악마 카드는 1 + 5 = 6, 6번 연인 카드와 관련이 있다. 연인 카드와 그림의 구도도 비슷하며 통합과 결합과 관련된 내용을 갖고 있다. 연인 카드의 두 남녀가 선악과를 먹기 전이라면 악마 카드는 선악과를 먹은 후의 모습으로, 강렬한 악마의 유혹으로 정신적이기보다 육체적인 면이 강한 카드이다. 악마 카드에서 두 남녀가 쇠사슬로 묶여 있음은 구속과 속박을 의미하며, 이는 결국 서로를 원하고 소유하게 됨으로써 수반되는 결과물이다. 현재 서로를 구속한 상태가 아니라면 상대를 너무 원하거나 집착하여 악마는 원하는 것을 마치 이룰 수 있다고 믿게 하는 유혹이며 속임수가 된다. 그러나 이러한 속박은 (그림에서 목에 걸린 쇠사슬이 느슨함에서) 얼마든지 자신이 풀어 버리고 빠져나올 수 있다. 그러나 악마의 유혹은 매우 치명적이기에 두 남녀는 굴레를 벗어날 생각조차 할 수 없을 것이다. 또한 오른손의 모양이 좀 이상한데, 이는 거짓 맹세로 전체 바탕의 짙은 검정 색도 동일한 의미를 내포한다. 따라서 악마 카드가 다른 카드와 같이 올 때 주의할 것은 보이는 것 외에 무언가 감추거나 숨겨진 의도가 있을 수 있다는 것이다. (예로 황제 카드가 악마 카드와 같이 나왔다면, 권위와 통제력을 갖춘 황제는 이면에 무언가 거짓이나 악의적인 의도를 숨기고 있는 사람임을 생각할 수 있다.)

15번 악마 카드는 우리가 살면서 경험하게 되는 강박적인 미련과 집착, 갈증에 대한 의미와 함께 경고의 메시지를 주고 있다. 알면서도 뿌리칠 수 없는 유혹과 거짓에 속는 순간 그 대가로 주어지는 책임과 고통을 생각할 수 있으나, 인간의 욕망(악마의 유혹)은 깊고 강렬해서 멈추지 못한다는 것을…. 악마는 우리가 생각하듯 가장 무서운 모습이 아니라 오히려 가장 바라고 원하는 모습으로 나타나기에, 우리는 쉽게 무너지듯 받아들이며 욕망의 끈을 놓을 수 없게 된다는 경고를 보여 준다. (고린도후서: 사단도 자기를 광명의 천사로 가장하나니….)

❖ Moon Card

적극적인 성격으로, 욕심이 많고 안 되는 것을 알면서도 탐닉하여 수단과 방법을 가지지 않고 때로는 합법적이지 않으며 지는 걸 못 견뎌 한다. 인내심이 부족하고 집착도 강하며 잔소리 듣는 것을 싫어한다. 방해꾼이 있으면 여러 방법을 동원하여 과정보다는 원하는 결과를 만들려 한다.

16 - The Tower (탑)

❖ 상징(Symbol)

❶ 타워(탑)ˊ - 긍정적 의미로는 굳은 탑, 즉, 업적·성과·인간의 욕망을 의미 또는 남근도 의미, 부정적으로는 감금이나 속박을 의미

❷ 번개 - (예측 불가의 갑작스런 변화를 주는) 외부적인 힘

❸ 왕관 - 권위, 권력, 인간의 욕망

❹ 22개의 불꽃 모양(요드) - 링가(링감)과 동일시 되어 남근과 특히 정액을 의미

높은 절벽 위의 탑 꼭대기에 벼락이 떨어지고, 왕관이 튀어 날아가고, 두 사람이 불이 난 높은 탑에서 (자의인지 타의인지 알 수 없지만) 뛰어내리고 있다.

❖ Key word, 수비학적 의미

Key Word	갑작스럽고 급격한 변화, (부정적) 급격한 사고·몰락, 파괴적·돌발적 상황의 역의미 벗어나기 힘든 상황(속박·구속 등)에서 빠져나오는, 전화위복의
수비학	균형, 조화, 신의 수 ← 16 → 1 + 6 = 7로 전차 카드와 연관되어, 성급하고 오만한 파에톤의 파멸과 같이 인간의 권위/욕망의 파멸을 내포함.
애정운	(관계를 악화시키는) 외부적 장애가 발생한, 애정 관계의 (좋지 않은) 변화, 갑작스런 이별 역의미 (임신 질문에서) 낙태나 유산, 성관계(탑과 요드로 보아)
금전운	갑작스런 지출, 돈 나갈 일이 생긴, 해직, 부도, 주가 하락 역의미 반대로도 그다지 좋지 않고, 전화위복도 큰 희생 후 주어짐.
직업운	건축/건설업, 통신/방송업, 전기/전자 업종, 스턴트맨, 모험가, 레저 스포츠

16번 탑 카드는 7번 전차 카드와는 어떤 연관성이 있을까. 전차 카드에 인물은 태양신 헬리오스의 아들 파에톤으로 보는데, 아버지의 태양 마차를 빌려 탄 파에톤의 서투른 운전으로 세상이 불 바다가 되자 재앙을 막으려 제우스가 던진 번개로 죽게 된다는 얘기가 있다. 16번 탑 카드에서도 인간의 권력이나 권위를 상징하는 왕관이 번개에 떨어지는데, 왕관에는 욕망과 오만함이 담겨 있는 바, 그 왕관의 추락과 함께 그것을 쫓던 자들도 추락하는 모습을 보이고 있다. 다만 현실의 문제에서는 인간의 욕망이나 잘못된 행동에 따른 벌을 받는다기보다는, 자신의 의지와는 상관없는 (그림의 급작스런 번개와 같이) 외부적인 변화나 사고 또는 재난과 그에 수반하는 중단이나 붕괴, 파국을 의미한다고 보는 게 좋겠다.

또 하나 중요한 것은 탑이 우리가 흔히들 얘기하는 공든 탑일 수도 있으나, 또 다른 의미에서 탑은 나를 가두는 감옥이자 내가 벗어나지 못하는 틀이나 굴레가 된다. 성장과 거듭남은 때로 이러한 틀을 벗어날 때 비로서 이룰 수가 있으므로 이 점이 탑 카드가 주는 또 다른 주요한 메시지이다. 때문에 통상 해석은 부정적인 경우가 많으나, 상황에 따라 전화위복의 희망적인 메시지도 전한다.

그러나 우리에게는 일단 이러한 상황이나 변화를 받아들이려는 자세와 노력 또한 선행되어야 함을 잊어서는 안 된다.

❖ Moon Card

새로운 것에 관심이 많고 변하는 환경에 잘 적응하고 스스로 그런 상황을 잘 만들기도 하고, 여러 가지 일을 한 번에 늘어놓고 극과 극인 상황도 잘 받아 들이고 자신이 원하는 걸 얻기 위해 여러 가지 방법을 동원하기도 한다. 안전하다고 느끼는 순간에도 뭔지 모를 불안감 등으로 예민하고 성격이 급하며, 인내심도 없고 지속적인 것을 못 견뎌 하여 폭발하기도 한다.

❖ 상징(Symbol)

❶ 별 - 신성한 길잡이, 희망의 상징. 가운데 노란 별은 북극성(폴라리스)을 주변의 별은 북두칠성을 의미. (북극성은 가장 밝게 보이는 별인 시리우스로 보기도 함.)

❷ 물 웅덩이 - 정신과 감정

❸ 대지, 땅 - 현실과 물질

❹ 새 - 좋은 소식을 의미

❺ 쉽지 않은 자세 - 꿈(목표)을 이루기 위해서는 균형을 잡고 꾸준히 끈기와 인내로 노력해야 한다는… 뜻 내포

하늘에는 거대한 별과 7개의 작은 별이 보이고, 그 아래 나체의 한 여성이 한 발은 물웅덩이에, 또 다른 발은 땅을 디딘 채 양손에 든 항아리의 물을 물웅덩이와 땅에 각각 붓고 있다. 그 뒤로는 새 한 마리가 나무 위에 앉아 있다.

❖ Key word, 수비학적 의미

Key Word	희망적인, 꿈꾸는, 낙관·긍정적인, 희망(목표)이 있는, 치유되는 **역의미** 헛된 꿈·희망(꿈 꾸고 있네), 높은 이상, 현실 외면, 구체성 결여, 비관, 실망
수비학	영원, 영속, 부활(재생), 유지 ← 17 → 1 + 7 = 8 힘 카드와 연관 희망은 과정이 필요하며 계획적 인내/노력이 필요함을 의미.
애정운	꿈꾸던 사랑(오히려 짝사랑일 수도 있음), 황홀한 사랑, (인기가 많은) 연예인 같은 상대, (솔로일 경우) 짝사랑 **역의미** (있는 경우) 균형이 깨져 어려운, (없는 경우) 상상 연애/짝사랑, 희망 없음, 재회 불가
금전운	낙관적인 금전 상황(빠르게 큰 돈은 안 되나 차곡차곡 돈이 되는), 장기간 투자 **역의미** (특히 유흥비 등으로) 지출이 있는, 돈이 안 되고 헛고생만 한
직업운	연예인, 방송인, 예술가, 물 관련 업종, 점성술, 천문학자, 새롭게 뜨는 직업

17번 별 카드의 대표적인 키워드는 희망으로 비전과 목표를 갖고 끊임없이 노력하는 카드이다. 그림의 인물이 옷도 입지 아니하고 나체인 것은 맨땅에서도 희망을 품고 진행해야 함을 보여 준다. 그리고 하늘의 별은 북극성과 북두칠성으로 보는데 북극성은 고정된 별로 오래 전부터 방향을 아는 기준이 되어 방향이나 목표라는 의미가 있다. 희망이라는 것도 목표나 방향이 없다면 실질적인 결과를 낳기 어렵고 별 카드의 부정적인 의미로서의 그야말로 덧없는 희망이 되어 버리는 것이다.

17번 별 카드의 성향을 지닌 사람은 개성과 사랑이 넘치는데, 별은 나만이 볼 수 있는 것이 아니기에 개인적인 애정이나 관심보다는 보다 큰 스케일에 부합하여 말 그대로 스타(연예인, 인기가 많은 사람, 많은 사람에게 잘해 주는 사람 등)를 의미하기도 한다.

희망이란 근원적으로 단시간에 성취할 수 있는 것도 아니며, 희망 회로로 우리를 힘들게만 하고 원하는 결과와는 달리 아픔을 주기도 하지만, 그럼에도 우리의 삶을 지탱하고 발전시키는 것 또한 희망이다. 현실이 아무리 힘들고 괴로워도 17번 별 카드가 주는 메시지는 희망을 갖고 또 한번 좋은 꿈을 꾸라고 전하고 있다. 실패는 있을 수 있으나 꿈을 갖고 도전하는 것이 우리의 인생이랄까~ 현실이 아무리 힘들고 괴로워도 17번 별 카드가 주는 메시지는 희망을 갖고 또 한 번 좋은 꿈을 꾸라고 전하고 있다.

❖ Moon Card

긍정적이고 낙관적이고 호기심도 많고 많은 사람들과 관계 맺기를 좋아하며 유머와 재치가 있다. 수다 떨기도 좋아하고 유흥 오락에 관심이 많고 맛집을 찾아다니는 것도 좋아한다. 책임지는 걸 싫어하며 장시간 보다 빠른 변화를 더 즐겨 한다. 힘든 것은 싫어하고 문제 해결 능력이 다소 떨어지며, 현실적이지 않은 것에 부풀어 원하는 결과가 나타나지 않을 때가 많다.

❖ 상징(Symbol)

❶ 달 - 통상 여성적인 힘과 무의식 의미하나, 또한 변화의 상징으로 변화와 그에 따른 불안함을 의미.

달은 여성, 음의 상징으로 한편으로 어머니를 생각할 수 있고, 어머니는 수용과 포용력이 강하다. 어머니의 근심하는 모습이 보인다.

❷ 개 - 길들여진 본능으로 인간의 이성과 의식

❸ 늑대 - 야생으로 본능이나 무의식

❹ 잔잔하지 않은 물결 - 감정 또는 무의식적 동요

❺ 게는 물속에서 밖으로 나가려고 한다. 내적인 갈등과 외부의 시련도 보이지만 어쨌든 나아가려는 듯한… 바로 자신을 의미(뉴 비전 덱에서는 가재를 사람으로 그림)

거대한 회색 기둥 사이에 하나의 길이 길게 뻗어 있고, 개와 늑대는 하늘의 달을 보며 짖고 있는 듯하다. 물가에는 가재 한 마리가 땅 위로 올라오려 하고 있으며, 하늘의 달은 뭔가를 걱정하듯 근심 어린 표정을 하고 있다.

❖ Key word, 수비학적 의미

Key Word	불안한, 불길한, 갈등과 의심스런, 예민한, 비밀스런, 걱정, 변덕, 배신, 속임수 **역의미** 불안이 걷히는, 오해가 풀리는, 숨김이 드러나는, 위험 감지/속임수 알아차림
수비학	완성, 승화, 이상, 끝, 휴머니즘 ← 18 → 1 + 8 = 9 은둔자 카드 연관 무언가 찾으려 고뇌하는 은둔자는 가제의 입장과 유사함.
애정운	상대를 의심하거나 갈등하는, 불안하고 비밀스런 연애, 불안한 연애 또는 삼각관계 **역의미** (오해 등이 풀리며) 관계가 좋아지는, 서로 솔직해지는
금전운	불안정한 금전 상황, 불안한 상황의 지출, 돈벌이가 불안하고 안정적이지 못한, 사기 **역의미** 점차 나아지는 경제 상황
직업운	심리 상담사, 요양사, 정신과 의사, 종교인, 역술인, 동물 관련 직업, 밤에 일하는 사람

18번 달 카드를 보면 불안과 갈등 그리고 예민하고 번민하는 단어들이 떠오른다. 이는 달이 지닌 변동성과 이중성과 관계하는데, 2번 여사제 카드와 7번 전차 카드와 함께 달 카드에도 그 의미가 내포되어 있다. 가운데 길게 뻗은 길을 중심으로 양쪽의 거대한 두 회색 석조 건물과 달을 보며 짖고 있는 개와 늑대는 모두 이중성을 표현하고 있다. 그리고 달은 공전 주기와 자전 주기가 같아서 사람들에게는 항상 같은 면만 보여 주는데, 결국 그 반대편은 보이지 않는 면(얼굴)을 지니고 있는 것이므로 이 또한 이중성을 지닌 것이다.

달은 시간에 따라 순서대로 초승달, 상현달, 보름달, 하현달, 그믐달로 변하며 이런 변화의 모습에서 변동과 변덕, 불안정과 불안함 그리고 파생되는 근심이나 걱정의 단어들까지 떠오르게 한다.

달 카드가 나오면 지금의 어려운 현실에 대한 막연한 걱정보다는 할 수 있는 것부터 하나씩 해결해 보려는 단순함과 끈기가 필요함을 생각해야겠다.

전체적으로 달 카드는 지금의 현실이 힘들고 걱정이 되는 상태고 주변에 이야기하기도 쉽지 않은 상황임을 보여 주며, 해결하는 데 많은 시간이 필요함을 보여 주고 있다. 먼 산의 길의 끝을 견디며 가야 하는데, 현실적으로는 가려는 것을 포기하는 것이 현명할 수도 있다.

❖ Moon Card

근심 걱정이 많고 예민하며, 갈등으로 가득하고 내성적이어서 자기 주장도 약하고, 비밀스러움이 많고 눈앞에 보이는 것보다 숨겨진 것에 관심이 많다. 모성 본능으로 돌보는 것을 좋아한다. 다툼이나 충돌은 피하려고 하고 조울증이나 우울증이 있을 수 있다.

❖ 상징(Symbol)

❶ 태양 - 생명의 근원, 생명, 활력, 남성적인 힘
❷ 어린 아이 - 새롭게 태어난 것. 미래의 가능
　성과 희망,순수함
❸ 해바라기 - 변치 않는 사랑

태양신 헬리오스를 사랑한 물의 님프 클리티
아는 자신을 보지 않는 헬리오스를 9일간 바
라 보다 해바라기로 변함.

백마를 타고 붉은 깃발을 들고 있는 밝은 표정의 어린아이가 있다. 그 뒤에는 너무 나도 밝은
태양과 돌담 위 활짝 핀 해바라기가 보인다.

❖ Key word, 수비학적 의미

Key Word	생명력이 충만한, 성공적인, 완성의, 축복의, 큰 자신감/열정 **역의미** 태양(낙관, 활기)이 지는, 운이 다하는, 백(뒷배경)이 사라지는
수비학	근원, 유일, 신, 생명, 시작 ← 19 → 1 + 9 = 10 → 1 + 0 = 1 1 or 10 완성(10)과 시작(1)의 중의적 뜻을 내포함.
애정운	열정적이고 순수한 사랑, 행복하고 축복받는 사랑, 건강한 아이의 임신 또는 출산 **역의미** 결혼까지 가지 않는 사랑, 사랑이 식어가는
금전운	금전운/재물운이 좋은, 잘 벌고 잘 쓰는, 사업의 성공 **역의미** (부정적으로도 나쁘지 않아) 다소간의 손실 또는 과한 자신감으로 인한 다소 간의 손실
직업운	자영업, 사업가, 교육업, (화려한) 전문직/프리랜서, 꽃과 관련된 업종

19번 태양 카드는 어디서도 어둠이나 음의 상징을 찾을 수 없다. 생명력의 근원인 태양과 강렬한 햇빛, 그 아래 힘이 넘치는 말과 활짝 핀 해바라기 그리고 열정의 붉은 깃발을 든 아이의 밝은 표정 등 메이저 카드와 마이너 카드를 통틀어 가장 밝고 긍정의 에너지가 가득하다. 19는 '1 + 9 = 10, 1 + 0 = 1'로 10 또는 1로 볼 수 있는데, 무언가를 이룬 것(10)과 시작(1)이라는 의미를 내포한다. 때문에 태양 카드는 애정, 재물, 건강 등 어느 면에서나 좋은 쪽으로 해석을 많이 한다. 부정적인 면에서조차 순수한 역방향의 해석보다는 너무 지나쳐서 흠이 되는 과유불급의 의미가 크다. 생명력의 원천인 태양의 열기가 너무 과하면, 오히려 생명이 말라 버리거나 아이의 넘치는 활기와 순수함은 지나친 자신감으로 뜻하지 않는 사고나 말썽을 일으키는 원인이 될 수도 있다.

0번 바보 카드의 태양은 일부분만 보여 온전하지 못해 (아버지 등) 뒷배경이 부족한 부분이 있으나, 태양 카드는 온전한 태양으로 인해 어릴 때부터 부유하거나 아버지의 조력 등이 받쳐 준 경우를 생각할 수 있으며, 직업으로는 1번 마법사 카드와 연관되므로 창의적이고 자신감이 강하여 다른 사람 밑에서 일하기보다는 사업을 하는 경우가 많다.

강렬한 태양의 충만함과 아이의 활짝 핀 웃음, 19번 태양 카드는 어느 면에서도 긍정의 에너지가 뿜뿜하지만, 자신이나 또는 주변에 지나침이 없는지 살펴야 한다. 그럼에도 태양 카드가 나오면 환한 웃음으로 반기며 만끽하는 것도 나쁘지 않겠다.

❖ Moon Card

순수하고 낙관적이며, 맑고 밝고 언제나 누군가를 케어하고 싶어 하나, 에너지가 과하고 무엇이든 참견하며 남의 말도 그대로 잘 믿는 성향이 있다. 한편으로 반복적인 것을 싫어하고 책임감과 현실감이 부족하며 집중하지 못하고 끝까지 밀어붙이는 힘이 부족하다.

❖ 상징(Symbol)

❶ 나팔 - 소식, 신의 음성, 심판의 소리

❷ 흰 깃발의 붉은 십자가 - 순수한 생명과 부활

❸ 구름 – 장애물을 의미, 구름 위 천사가 나팔을 불고 있음은 지금까지의 장애물을 걷어내고 구원을 받게 됨을 의미. 또는 성경에서 인자가 구름을 타고 큰 권능과 영광으로 오는 것을 보리라 그가 큰 나팔소리와 함께 … (마태복음 24:30)

구름 위에 천사가 나팔을 불고 있고, 물 위의 관에서는 죽음을 맞이했던 사람들이 일어나 천사를 맞이하듯 하늘을 바라보고 있다.

❖ Key word, 수비학적 의미

Key Word	회복·부활하는, 구원·보상받는, 선고받는, 결정의 시기, 재회하는, 포기·실패한 일의 기회가 다시 오는, 좋은 소식, 좋은 기회, 새출발 **역의미** 재기 불능의, 나쁜 소식의, 재차 잘못을 하는(성과를 못 이루는)
수비학	대립, 갈등, 조화, 결합, 이중성 ← 20 → 2 + 0 = 2 구원·보상·부활과 대립되는 처벌·사망이라는 이분법적 의미 내포
애정운	어려움을 이겨 내고 얻는 사랑, 기다리며 원하던 사랑, 재회하는, 재혼하는 **역의미** 재회 불가, 헤어진 사람 다시는 못 만나는
금전운	보상금, 인센티브, 소송 승소금, 보험금, 유산 상속, 재기 가능, 정체된 사업의 진행 **역의미** 좋지 못한 결과를 보는, 재기하기 어려운 손실
직업운	재활 업종, 활인업, 장례업, 목욕업, 방송/통신업, 가수, 적십자

20번 심판 카드의 대표적 의미는 부활과 구원이다. 종교적으로 성경에 나오는 심판(의 날)과 연관되고, 심판이란 각 사람들에게 각자 행위대로 선고가 내려진다는 것인데, 심판 카드의 사람들의 모습은 지금껏 기다리던 보상이나 구원의 선고를 받게 됨을 볼 수 있다. 그러나 생각할 점은 심판의 날에는 선한 자는 부활을 하나, 악한 자는 지옥으로 간다는 것으로 모두에게 구원과 행복을 주는 건 아니라는 것이다. 수비학적으로도 심판은 '2 + 0 =2'로 흑과 백, 선과 악, 구원과 벌(사망)이라는 이분법적인 의미를 갖고 있다. 결국 심판은 구원, 보상, 부활, 재회, 재혼 등의 의미를 갖게 되고, 그 이면에는 처벌과 사망의 뜻을 내포하게 된다. 또한 0번 카드에서 시작하여 여러 인물들을 만나서 경험하고 배우며, 성공과 실패, 희망과 두려움을 거쳐 직전 찬란한 태양을 맞이하였고, 드디어 기다리던 심판을 직면하고 있다. 여러 일들을 겪고 배우면서 어려운 고난의 시험을 치르다 보면 사람은 보다 성숙해지게 되며, 천사의 나팔을 맞이한 사람들의 관이 물 위에 떠 있다는 것은 정신적 측면의 부활(내적 부활)을 의미한다. 성경에서는 육체적 부활이 아닌 영적 부활을 의미하고, 현실적인 면에서는 정신적인 보상이 함께하는 것으로 볼 수 있다.

원하는 보상을 얻기 위해서는 강한 신념과 강한 의지를 지녀야 하는데, 때로는 지나치고 잘못된 신념으로 일을 그르치기도 한다.

심판 카드는 지금까지 노력했던 것을 정리하는 시기로 과거를 청산해야 하는데, 청산을 한다는 것은 결정을 해야 한다는 의미를 강하게 내포하여 긍정이든 부정이든 확실히 해야 한다는 것이며, 나아가 새롭게 태어나야 한다는 메시지를 전한다.

❖ Moon Card

적극적 활동적이고 물질욕이 강하며 자신의 판단을 믿고 매사 자신감이 있다. 외모에 관심이 많고 화술도 좋으며, 여러 사람들에게 무엇이든 알려 주고 싶어 한다.

❖ 상징(Symbol)

❶ 보라색 천 - 영성적으로 완성된 단계임을 의미

❷ 월계수 - 승리, 성취, 성공

월계수 모양이 숫자 0과 비슷한 이유? → 완성 이후의 또 다른 출발 의미

❸ 테트라모프 - 사람, 독수리, 사자, 황소 운명의 수레바퀴 카드의 4생물이 책을 보고 있었으나, 세계 카드는 완성의 단계이므로 책도 불필요하며 모습 또한 더욱 성숙하게 보인다.

숫자 0으로 보이는 커다란 월계수 안에, 보라색 천을 두르고 지팡이를 양손에 들고 다소 웃음과 여유 있어 보이는 인물이 있다. 그리고 네 모퉁이에는 사람, 독수리, 황소, 사자가 있다.

❖ Key word, 수비학적 의미

Key Word	완성된, 성공한, 결실을 맺는, 해외로 향하는, 더 넓은(나은) 곳을 향한 역의미 미완성 또는 미완성이 될 가능성이 있는, 무력함, 부진, 좌절, 실망, 국내로 들어오는
수비학	완성, 최초의 완성, 풍요, 안정 ← 21 → 2 + 1 = 3 무언가 완성 성취 0번 바보 카드의 여행이 완성된 최종 단계를 의미.
애정운	사랑의 결실(완성), 원하는 이성의 만남, 축복된 결혼, 임신 역의미 현 상태에서 관계의 변화(부정적 여부는 판단 필요), 권태로움
금전운	만족스런 금전 상황, 돈벌이가 성공한, 사업의 목표 달성 역의미 (달성할 듯한데) 목표(성과)를 이루지 못하는
직업운	무역업, 해외 가이드 등 해외 관련업, 외국계 회사, 외교관, 통역, 유학, 예술(무용)

21번 세계 카드는 '2 + 1 =3'으로 3번 여황제 카드와 관련되어 무언가를 완성하고 달성함을 의미하여, 0번 바보 카드의 〈바보의 여행〉이 완성이라는 최종 단계에 도달하였음을 보여 준다. 또한 세계 카드는 10번 운명의 수레바퀴를 연상하게 하는데, 열심히 공부하던 4개의 동물이 여기서는 책을 보지 않고 있음은 이루려는 성장을 달성했음을 말해 준다.

12번 매달린 사람과도 연관되는데 매달린 사람을 거꾸로 하면 세계 카드의 인물과 같은 자세가 되는데, 기다림과 희생을 통한 성장을 달성했다는 뜻으로 봐도 좋겠다. (동그란 원 안의 사람이 자궁의 태아로 보아 3번 여황제 카드, 12번 매달린 사람 카드와 함께 임신의 의미를 갖기도 한다.)

생각할 점은 '세계 카드가 단순히 완성과 목표의 끝만을 의미하는가'이다. 월계수의 붉은 리본은 매듭의 의미로 일의 완성을 의미하면서 동시에 뫼비우스의 띠를, 월계수의 원은 뱀이 자신의 꼬리를 물고 있는 우로보로스를 상징하여 영원과 윤회를 뜻하며, 월계수 원의 모양이 숫자 0 모양으로 0은 시작이면서 끝이므로 완성을 의미하면서도 또 다른 시작을 내포하고 있다. 따라서 세계 카드는 지금의 성장에 머물지 않고 더 큰 세계로 나아가라는 메시지도 전달하고 있다. (국내가 아닌 유학, 이민 등 해외로의 진출을 말하기도 한다.) 일부 카드덱은 0번 바보 카드가 21번 세계 카드 다음에 오기도 한다.

자! 지금까지의 노력과 인내 그리고 수고에 자신을 칭찬하며, 그 성취감을 가진 것에 안주하지 않고 더한 성취를 위해 또 다시 나아가 보자.

❖ Moon Card

책임감이 강하고 완벽을 추구하며 직관과 통찰력이 좋다. 완벽하고 싶어 하며 그렇게 하려고 강박 관념을 갖기도 한다. 때로는 이런 이유로 정신적 신체적 스트레스가 누적되어 심한 불안감이나 무기력증으로 의욕 상실 또는 자기혐오 등에 빠질 수도 있다(번아웃 증후군). 실수를 싫어하고 무시당하는 것을 못 견뎌 한다.

마이너 아르카나

Minor Card 준비 단계

▷ Minor Card로 들어가기에 앞서, 수(數)에 대한 수비학적 의미와 Minor Card 4원소에 대한 특성을 정리하면 다음과 같다.

❖ 정리 #1. 수비학적 의미 (Numerology)

0	1	2	3
무(無), 존재하지 않으면서 존재하는 수 비어 있으면서 꽉 찬 수, 무한 수, 무질서한 수, 혼돈의 수, 시작이면서 끝인 수	근원, 유일, 완전함, 탄생, 생명, 시작, 신(神), 남자	대립, 갈등, 분리, 조화, 균형, 결합, 이중성, 음, 어둠, 여자	(최초의) 완성, 토대, 안정 /미완성, 상승 욕구 ※ 1(남)+2(여)=3 → 최초의 완성, 　하나의 면을 　최초 형성 　(임신 의미도 포함)

4	5	6	7
질서, (탄탄한) 기반, 견고, 확고함, 통제 / (강한) 모성애, 땅.대지 1 남성수, 2 여성수, ▷ 4 또한 (강한) 여성수 ← 2+2=4 이므로 여성에 여성 더한 수	변화, 진보(팽창), 불확실, 완벽 주의 ※ 안정적 기반 4에 새로운 시작 1을 더한 것 이 5로 변화와 진보를 의 미하여 불확실성이 수반 된다. 또한 변화와 진보의 추 구는 완성을 위한 완벽 주의를 내포한다.	연합, 통합, 상호 보완, 사랑 (3+3=6, 아직은 불완전한 최초의 완성을 이룬 두 존재 가 서로 더 완벽을 위해 상 호 보완/결합함을 의미)	균형, 조화/이중성, 완성 수, 신의 수, 행운 수

8	9	10
영원, 영속, 부활, 유지(꾸준함)	완성, 승화, 이상, 끝, 휴머니즘	시작, 탄생, 근원, 신 (10 → 1+0=1)

❖ 정리 #2. 4원소의 특성

구분	Wand (지팡이)	Pentacle (펜타클)	Sword (검)	Cup (컵)
원소	불	흙	공기	물
성질	뜨겁고 건조함	차갑고 건조함	뜨겁고 축축함	차갑고 축축함
성격/유형	직관	감각	사고	감정
기질/특성	남성적	여성적	남성적	여성적
	정신적	물질적	물질적	정신적
	모험적, 정열적	계산적, 실질적	논리적, 이지적	관용적, 수용적
	강렬함	여유로움	날카로움	부드러움
	도전(열정)	안정(현실, 물질)	원칙(이성, 논리)	이해 (감정, 정서, 대인 관계)
	행동	현실 안주	생각	감성
	순환계 (심장, 소장, 담장, 신경계)	소화계 (위장, 비장, 대장, 비만)	호흡계 (폐, 기관지, 정신 질환)	배설계 (신장, 방광, 항문, 우울증)
	활력, 생명력, 행동, 모험, 이동, 여행	금전, 물질, 안정, 현실	지성, 분별, 진취성, 투쟁, 갈등	사랑, 우정, 이해
직업	농민, 운동 선수, 육체적 일	상인, 경제인, 사업가, 금융	기사, 군인, 공적인 일	성직자, 사회봉사, 희생

※ 마이너 카드는 4원소의 구분에 따라 총 4개의 슈트(Suit) 카드-각 14개씩 56개 카드-로 구분되며, 각 슈트 카드는 다시 숫자 카드(핍 카드) 10개와 코트(Court) 카드(궁정 카드-인물 카드) 4개로 나누어져 있다.

Ace of Wands (완드 에이스)

• 그림 설명

구름에서 나온 오른손이 지팡이 하나를 잡고 있다. 지팡이에는 몇 개의 초록 새싹이 자라나 있고, 아래로 산과 나무와 물이 보인다.

• Image Feeling

(열정적인) 무언가를 세우는, 발산하는, 시작하는, 모험과 도전

• 슈트와 수비학적 의미

완드(열정) + 1(탄생, 시작, 유일, 완전)
→ 열정, 행동 또는 직관의 시작

• Key Word

열정의 시작, 열정을 발하며 시작/추진하는, 새로운 일을 시작하는, 자신감 넘치는, 처음 경험, 창의, 창조

`역의미` 시작부터 열정이 꺾인, 열의 없는 시작, 잘못된 시작, 동기 부여가 없는, 의지 박약

운세 판단	애정	재물	사업	취업	승진	이동	매매	시험	소송	건강
	○	○	○	○○	○○	○	○	○○	○	○

　에이스 카드에는 사람이 등장하지 않는다. 이것은 인력으로 통제 못하는 근원적 요소로 신이 주는 원천적 힘을 의미한다. Ace(1)는 첫번째, 시작, 선두의 의미로 완드 카드들의 대표 카드로 완드 원소의 가장 순수한 상태이다. 수비학에서 1은 유일, 시작, 탄생을 말하고 4원소에서 완드는 열정, 행동, 직관을 말하므로, 결국 열정이나 행동, 직관 등의 시작(되는 시점)을 의미한다. 완드의 여기저기에 나뭇잎이 있는 것은 활기찬 생명력이 있다는 것을 보여 주며, 완드가 남성적 원소인 불을 의미하므로 남자로 보기도 한다.

　주의할 점은 슈트 카드는 해당 원소의 특성에 집중하여 해석해야 한다는 것이다. 예로서 사업을 시작할 때 이 카드가 나오면 열정만 앞설 뿐 이성적 사고나 현실적 계획은 찾기 어려워 보인다.

Two of Wands (완드 2)

• 그림 설명

붉은 장미와 흰 백합이 엇갈려 있는 그림이 보이는 성벽 위에 갈색 옷을 입은 한 인물이 왼손에는 지팡이를, 오른손에는 지구본을 들고 성 밖을 향해 바라보고 있다. 그 뒤에는 또 다른 지팡이 하나가 성벽에 고정되어 있다.

• Image Feeling

(열정적인) 무언가를 이루고 다음 세상(일)을 바라보며 그로 인해 갈등하는

• 슈트와 수비학적 의미

완드(열정) + 2(대립, 갈등, 조화, 균형)
→ 두 열정의 대립과 갈등

• Key Word

두 가지 일/문제로 갈등하는, 선택의 기로, 큰 (새로운) 일에 무게를 두는, 야망을 갖는

역의미 두 가지 일에 매달려 곤란을 겪는, 현재의 울타리에 안주하는, 야망 상실, 혼란, 불안함

운세 판단	애정	재물	사업	취업	승진	이동	매매	시험	소송	건강
	△×	△	△	△	△	○○	○	△	△	○

　　완드는 열정으로 행동이나 직관을 나타내고 지팡이가 2개이므로 Ace보다 열정이 더 커졌다고 단순히 생각할 수 있으나, 숫자 2가 대립과 갈등, 조화와 균형을 의미하므로 완드 2번 카드는 두 열정이 대립하고 있다고 생각하면 된다. (엇갈린 붉은 장미와 흰 백합도 같은 의미이다.) 하나의 완드(열정)로 성을 쌓았고, 이제 또 다른 열정이 생겨 성 밖을 바라보고 있다. 성 밖은 더 넓고 큰 세상이며 미지의 세계다. 지구본을 들고 있는 것도 아직 가보지 못한 더 큰 세상을 의미한다.

　　중요한 것은 카드 속 인물이 아직 성 밖을 나간 것은 아니며, 단지 지팡이를 들고 바라보고 있을 뿐이다. 과연 현재의 열정에 안주할지, 또 다른 열정으로 성 밖을 나갈지 그 갈등의 결과는 어떠할까?

• **그림 설명**

붉은 옷을 두른 인물이 안정되게 땅에 박힌 세계의 지팡이 중 하나를 오른손으로 잡고 멀리 바다가 보이는 곳을 응시하고 있다. 인물의 양옆에는 지팡이가 두 개가 땅에 고정되어 있고, 멀리 바다에는 세 척의 배가 보인다.

• **Image Feeling**

(열정적인) 무언가를 이루고 다음 세상(일)을 바라보는 (넓고 먼 곳을 향해서~)

• **슈트와 수비학적 의미**

완드(열정) + 3(최초의 완성, 토대 / 미완성, 상승 욕구)
→ 열정의 최초 완성과 미완성 (완성을 위한 상승 욕구)

• **Key Word**

열정(노력)의 성과, 성공, 물질적 기반이 있는 거래/제휴, 더 큰 전진

역의미 예상된 실적을 못 이룬, 사업 축소(내실 다짐), 기반/터전의 붕괴나 와해, 실패, 방심

운세 판단	애정	재물	사업	취업	승진	이동	매매	시험	소송	건강
	○	△	○	○	△	○	○	△	△	○

　　두 열정의 갈등으로 성 밖을 바라보던 인물이 드디어 넓은 세상으로 나온 모습이다. 숫자 3은 완성을 뜻하므로 숫자 2의 대립과 갈등의 통합된 결과물이라 생각해도 좋다.

　　따라서 완드 3은 '최초 열정의 완성'을 의미한다. 그러나 아직은 미완성이듯 이미지에서도 자신의 목표나 계획을 향해 아직 갈 길이 많이 남아 있음을 의미한다. 따라서 물 건너를 바라보듯 해외나 멀리 떨어진 곳에 대한 열망과 도전을 생각할 수도 있고 글로벌한 야망과 꿈을 품고 있다는 해석도 가능하다.

완드 3의 메시지는 열정의 최초 완성이지만, 최초 완성이기에 아직 모자란 미완성이라는 점을 주지하는 것이 바람직하다. 무슨 일을 할 때 완드 3번 카드는 어느 정도 진행이 되어 한 단계를 이루지만 아직 남은 것이 많이 있음도 전하고 있다.

가끔 외로운 듯한 뒷모습은 연인 또는 누군가를 기다리거나 기러기 아빠 또는 고향을 그리워하는 키워드를 갖기도 한다.

Four of Wands (완드 4)

• 그림 설명

땅 위에 고정된 4개의 지팡이 보이고 그 위에 풍성한 열매가 달린 넝쿨(또는 화환)이 걸려 있다. 그 뒤에 파티나 연회가 열린 듯 사람들이 모여 있고, 갓 결혼식을 마친 듯한 연인으로 보이는 남녀가 머리에 월계관을 쓰고 꽃다발을 들고 만세를 부르듯 환호하며 기뻐하고 있다.

• Image Feeling

무언가를 축하하며 즐거움과 열정으로 에너지를 마음껏 발산하는

• 슈트와 수비학적 의미

완드(열정) + 4(안정, 기반, 질서 등)

→ 안정된/탄탄한 기반의 열정, 질서 잡힌 열정

→ 흔들리지 않는 열기 (열정)

• Key Word

결혼, 노력한 결과의 결실·성공(의 축하), 화합과 화목, 즐거움, 평화/평생의 사업이나 프로젝트를 시작한

역의미 사랑과 화합이 식어 가는, 성취되지 못한 사랑, 가정 경제 등이 좋지 않은, 아직 조금은 미흡하고 부족한

운세 판단	애정	재물	사업	취업	승진	이동	매매	시험	소송	건강
	○○	○△	○	○	○	○○	○	○	○	○

무언가를 축하하고 기뻐하는 장면이라고 볼 때, 짧게 축하할 일, 기뻐할 일 또는 이벤트 등을 의미한다. (결혼식, 취임식, 생일 파티, 합격이나 축하 등)

본인 관점에서는 자신의 합격이나 성공 또는 결혼 등을 의미하는 카드이며, 타인 관점에서는 자신이 아닌 다른 사람의 좋은 일을 축하하는 카드이기도 하다.

애정운에서는 둘 사이의 이벤트나 솔로일 경우 소개팅 같은 즐거운 한때를 의미할 수 있다.

Five of Wands (완드 5)

• 그림 설명

서로 다른 옷을 입은 젊은 5명의 남자가 각자 지팡이를
들고 있다. 그리고 그 모습에는 서로 직접 싸우려 맞서
고 있는 것은 아니나 무언가를 쟁취하기 위한 다툼과 격
앙된 열정이 보인다.

• Image Feeling

서로 다투듯 경쟁하는, 소란스러운

• 슈트와 수비학적 의미

완드(열정) + 5(변화화 진보, 수반되는 불안정/불확실)
→ 열정의 변화와 그로 인한 질서/안정이 흐트러진 상태

• Key Word

갈등, 투쟁, 소모적인 부딪힘 경쟁 또는 경쟁자(장애물)
들이 많은, 근심이나 걱정, 성가신 일, 흉내, 모방,

`역의미` 갈등과 투쟁의 요소는 많지만 견디고 이겨 낼
수 있는

운세 판단	애정	재물	사업	취업	승진	이동	매매	시험	소송	건강
	△×	×	×	×	×	×	×	×	×	×

어떤 일을 하는데 있어서 서로가 하겠다고 각자 주장하는 바가 다른 경우를 생각할 수
있다. 때문에 작은 트러블이나 다툼 또는 의견의 불일치, 어수선함, 시끄러운 상황 등을
만들기도 한다. 따라서 통상 질문의 답은 긍정적이라기보다는 다소 불편한 것이 된다.

애정운에서는 완드를 남성으로 보아 한 여성을 두고 여러 남성이 경쟁하는 상황으로
보기도 하며, 여성 입장에서는 주변에 많은 남자 친구는 있으나, 실상 특별한 한 사람이
없는 경우를 의미할 수 있다. 만일 만나는 이성이 있다면 남녀 간의 자존심 등의 싸움을
나타내기도 한다.

Six of Wands (완드 6)

• 그림 설명

붉은 망토를 입고 월계관을 쓴 인물이 백마를 타고 오른손에 또 다른 월계관이 걸려 있는 지팡이를 들고 있다. 그 뒤로는 5개의 지팡이가 보인다.

• Image Feeling

투쟁에서 승리한, 성공하여 당당한,

높은 지위에서 자신감 넘치는

• 슈트와 수비학적 의미

완드(열정) + 6(결합, 연합, 통합)

→ 미완성의 불완전한 존재가 더 완전해지기 위한 결합으로 열정이 또 다른 완성을 이룬 상태

• Key Word

승리, 성공, 승진, 목표 달성, 좋은 소식, 희망/자신감이 넘치는, 용기,

역의미 성공 뒤에 따르는 문제 발생, 함께한 사람들이 떠나고 입지 흔들림, 그릇된 행동

운세 판단	애정	재물	사업	취업	승진	이동	매매	시험	소송	건강
	○	○○	○○	○○	○○	○○	○○	○○	○○	△

　말을 탄 인물이 월계관을 쓰고 있음은 성공과 승리를 쟁취한 것을 의미하며, 말을 타고 있음은 높은 자리에서 사람들을 이끌고 있다고 할 수 있다. (마치 완드 5번 카드의 동일 선상에서의 경쟁에서 이겨 승리를 쟁취한 듯하다.) 통상 일반적인 질문에서는 성공을 이루고 원하는 것을 얻을 수 있는 카드이다. 애정이나 금전, 직업 등 어느 면에서나 어느 정도 인정할 만한 성과를 얻는다고 할 것이다.

　주의할 점은 숫자 6은 불완전한 존재 간의 결합에 의한 것이므로, 인물이 쓰고 있는 월계관은 혼자 이룬 것이 아닌 누군가의 도움이 있었다고 봐야 한다. 또한 이러한 건지

에서 손에 든 지팡이의 또 다른 월계관은 다른 사람의 것으로 보아야 할 것이다. 때문에 완드 6번 카드가 나오면 성공을 독식하며 다른 사람에게는 성공과 보상을 나누지 않는 지도 살펴야 한다. 진정한 성공이란 함께한 동료나 친구가 내게 있는 것은 아닐까.

Seven of Wands (완드 7)

• 그림 설명

언덕으로 보이는 곳에 한 인물이 지팡이를 들고 자신에게 덤비는 듯한 다른 6개의 지팡이와 대치하고 있다. 그의 모습은 곤란하고 힘겨워 보이지만 물러섬이 없이 지키기 위한 굳은 열정이 보인다.

• Image Feeling

주변의 위협이나 침범에 대항하여 버티며 견디는

• 슈트와 수비학적 의미

완드(열정) + 7(완성 수, 신의 수, 한 주기의 끝 그리고 다음 단계로의 재정비)

→ 열정의 한 주기를 마무리하며, 열정을 재정비해야 하는 (재정비라 함은 무언가를 이루거나 가지고 있음을 내포함.)

• Key Word

(아직은 유리한 입장에서) 대항하는, 끈기로 견디는, 용기와 적극적 도전, 수비를 해야 하는, 투쟁과 극복

역의미 불리한 위치에서 버텨야 하는, 낭패를 보는, 곤혹을 당하는, 압박감, 이기기 어려운 장애물, 역부족

운세 판단	애정	재물	사업	취업	승진	이동	매매	시험	소송	건강
	△×	△	△	△	△	△	△	△	△	△×

숫자 7은 신의 수, 완성 수의 뜻이 있지만, 하나의 주기로 다음 단계로 가기 위한 직전 단계로 보기도 한다. (한 주는 7일) 따라서 완드 8로 가기 위한 준비 단계로 완드 6의 승리 이후 재정비의 의미로 볼 수 있다.

이미지에 볼 수 있듯 6개의 지팡이가 덤벼들고 이에 대하여 인물은 대항하고 저항하며 견디는 모습이다. (완드 5번 카드의 경쟁에서 완드 6번 카드와 같이 승리를 쟁취했지만, 완드 7번 카드는 이제 그 자리를 지키기 위해 고군분투하는 모습이다.) 또한 현재는 언덕 위에서 다소

유리한 위치를 점하고 있지만, 잠시 한눈을 팔거나 용기와 끈기를 갖지 못한다면 바로 불리한 위치에 처할 수 있음을 간과해서는 안 된다. (언덕 좌측의 낭떠러지도 보인다.)

용기를 내어 맞서 싸우고 극복한다면 성공할 수 있는 카드이다. 자신감을 갖고 용기를 내어 문제를 극복하라는 메시지를 보여 준다.

Eight of Wands (완드 8)

- **그림 설명**

8개의 지팡이가 하늘 위를 빠르게(신속하게) 날아가고 있다.

- **Image Feeling**

매우 빠르게 날아가는(나아가는), 신속한

- **슈트와 수비학적 의미**

완드(열정) + 8(영원, 영속, 유지)

→ 열정이나 행동이 지속되는

→ 열정이나 행동의 대상(일)이 지속적으로 진행되는

- **Key Word**

(하는 일의) 빠른 진행이나 추진/움직임, 빠른 이사/이동/여행, 갑작스런 연락, 빠른 전달/보고

역의미 조급한 일에 따른 문제 발생(말다툼, 분쟁, 헛수고 등), 일의 지연, 소식 없음, 추진하던 일이 깨짐, 쇠퇴

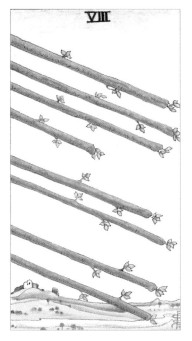

운세 판단	애정	재물	사업	취업	승진	이동	매매	시험	소송	건강
	△	△	△	△	△	○	○×	△	△	○

　용기와 끈기로 완드 7의 상황을 넘기면, 전진과 진행을 의미하는 완드 8번을 만나게 된다. 열정이나 행동이 꾸준히 유지된다는 것은 행하고 있는 일이 정체되거나 멈추지 않고 지속적으로 진행되고 있음을 의미한다. 따라서 8개의 지팡이가 날아가고 있는 모습은 열정과 행동이 계속되어 나아가고 있음을 말한다.

　애정운에서는 좋은 경우는 둘 사이의 진도가 빠르게 나가는 것을 의미하나 그 반대로 안 좋은 경우에는 열정이 식거나 갑작스런 이별을 맞기도 할 수 있다. 부정적으로는 무언가를 너무 서두르거나 이로 인한 논쟁 거리의 의미와 목표를 정확히 갖지 못하고 조급히 진행함에 따른 쓸데없는 시도 등의 뜻을 갖기도 한다.

　※ 각 원소의 에이스 카드와 완드 8번, 소드 3번 카드는 인물이 등장하지 않는다.

Nine of Wands (완드 9)

• **그림 설명**

8개의 지팡이가 땅에 고정되어 있고 그 앞에 머리에 붕대를 감은 인물이 다소 고단한 모습으로 양손으로 지팡이 하나를 쥔 채 주변을 경계하듯 살피고 있다.

• **Image Feeling**

무언가를 경계하며 지키는

• **슈트와 수비학적 의미**

완드(열정) + 9(완성, 끝, 승화, 이상)

→ 열정의 완성이나 승화, 마무리

• **Key Word**

어려움과 미래에 대한 경계/대비, 철저히 대비하는, 강한 정신력

역의미 주변의 경계가 약해지고 힘이 부치는, 면역력 또는 방어력 쇠퇴, 컨디션 나쁨(휴식 필요)

운세 판단	애정	재물	사업	취업	승진	이동	매매	시험	소송	건강
	×	×	△	×	×	×	×	△	×	×

　전진과 이동의 완드 8에 지팡이 하나를 더하면, 완성과 끝 또는 마무리를 뜻하는 완드 9의 상황을 맞이하게 된다. 땅에 고정되어 있는 8개의 지팡이를 뒤에 두고 또 하나의 지팡이를 쥔 채 지키고 있는 모습이다. 그리고 이 지팡이들은 지금껏 이루었거나 완성해 온 모든 결과물이며 마지막 9번째 열정으로 지키고 있는 것이다.

　그러나 그동안의 여정이 꽤나 길고 힘들었던지 머리에 쓴 두건이나 얼굴 표정은 피로와 상처로 고단함을 보여 준다. 이루어 놓은 것이 많아 지킬 것도 많고 힘들어 늘 예민하게 경계하는 사람 또는 상황을 나타내기도 한다. 때문에 철저히 대비하며 경계를 늦추지 않고 마지막 성취를 위해 맞서고 버틴다는 키워드로 보기도 한다.

다만 만신창이 되면서까지 지켜야 하는 것인가를 명확히 하는 것이 현명하다. 미래를 생각하며 지금 지키고 견디는 것이 내게 어떤 가치가 있는지도 살펴야겠다.

사업이나 금전의 경우 망하기보다는 힘이 들지만 사력을 다해 버티고 유지한다는 의미가 강하고, 애정운에서도 헤어지거나 싸우기보다는 고난이나 부담이 있지만 둘의 관계를 유지하기 위해 지켜 나아가는 상황이라고 생각할 수 있다.

• 그림 설명

10개의 지팡이를 한 인물이 사력을 다해 부둥켜안고 저 멀리 보이는 집을 향해 나아가고 있다. 힘겹고 지쳐 보이는 인물에게 앞을 가릴 정도로 10개의 지팡이는 큰 부담으로 보이나 그에게는 포기하지 않으려는 의지가 엿보인다.

• Image Feeling

목표하는 바를 달성하고자 애를 쓰는

• 슈트와 수비학적 의미

완드(열정) + 10(완성 9와 또 다른 시작을 위한 경계, 1 + 0 = 1로 또 다른 시작을 의미)

→ 완드 에이스로부터 시작된 열정의 여정을 마침 또는 여정을 마치고 돌아감.

• Key Word

성공을 위한 부담감, 책임감, 목표를 달성하기 위한 (해야 할) 문제들 또는 해야 할 수고와 노력

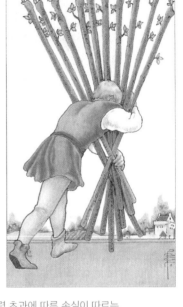

> **역의미** 자신이 부담한 짐을 견디지 못하는, 한계 초과, 능력 초과에 따른 손실이 따르는

운세 판단	애정	재물	사업	취업	승진	이동	매매	시험	소송	건강
	△×	△×	△×	△×	××	×	×	×	×	×

열정의 여정을 마치고 성과를 가지고 집으로 향하는 모습은 전쟁이나 개척을 마치고 그 전리품이나 수확물을 챙겨 돌아오는 모습과도 흡사하다. 그러나 지팡이를 가득 안은 모습은 앞도 제대로 보지 못하고 걷기조차 힘겨워 보인다. 때문에 무거운 책임감이나 과도한 압박과 부담을 의미하지만, 포기하지 않고 목적지까지 간다면 그에 대한 보상이 주어지게 된다. 완드 9번과 10번의 가장 큰 차이점은 완드 10번 카드에서는 저 멀리에 집이 있다는 것이다.

지팡이 각각에 새싹이 3개씩 나 있으므로, 지팡이 하나하나 무언가의 완성(성과)을 하였음을 뜻한다. (완드 카드마다 지팡이의 새싹의 수는 조금씩 다르다. 10번 카드의 새싹 수가 3개로만 되어 있음은 하나하나 완성을 이루어 왔음을 강조한다.) 그리고 그 모든 것을 빠짐없이 들고 가는 모습은 완벽함과 너무 많은 것을 추구하는 의지가 보이나, 경우에 따라서는 자신이 감당하기 힘든 상황 또는 그런 상황을 짊어지려는 미련한 사람을 가리키기도 한다. (혼자서 이 모든 것을 짊어지려는 것은 아닌지, 때로는 모든 것을 내가 다 해야 한다는 생각은 내려놓는 수용의 자세도 필요하다.)

애정, 금전, 직장운 어느 면에서도 고되고 힘든 상황을 말하나 주변 카드가 힘 있는 카드라면 무사히 목표하는 집으로 돌아갈 수 있을 것이다.

※ Court Cards(궁정 카드)의 구분

코트(궁정) 카드 또는 인물 카드는 시종, 기사, 여왕, 왕의 4가지로 구분되며 그 특성
은 다음과 같다.

계급 구분	성향	직업 유형	특징
시종 Page	순진함 미숙함 신중함	인턴 수습생 신입 사원	첫 직급이며 시작을 의미함. 해당 원소의 기질을 갖고 있으나 아직 순진하고 미숙하기에 원소를 능숙히 다루지 못한다. 때문에 신중하고 조심스럽다.
기사 Knight	과감함 파급력 융통성	실무자 대리급	원소를 다루는 능력이 조금 향상된 실무자급이다. 움직임과 변화가 많으며 과감하다. 시종보다 원소를 잘 다루나 그 결과물을 효율적으로 얻을 수 있는 단계는 아니다.
여왕 Queen	수용적 활동적 리더십	부사장 감독관 관리자	코트의 관리자 격으로 왕만큼 해당 원소를 잘 다루나 여성적인 면이 존재해 다소 수용적인 성격을 갖는다. 원소의 기질이 활발하게 나타나며 상당한 리더십도 있다.
왕 King	권위적 보수적 리더십	CEO, 사장, 각 기관장	코트의 장으로 해당 원소를 가장 잘 다룬다. 남성적이고 힘을 추구하기에 가장 강한 원소적 기질을 보이나 보수적 권위적이므로 독단에 따른 트러블이 있을 수 있다.

※ 코트 카드가 나오면 상황을 설명할 때 리딩하기가 쉽지 않다. 코트 카드는 질문과 관
련하여 인물의 성격이나 사고방식을 대입하고 살피면 설명하기가 쉽고, 결과 카드에서
코트 카드가 나오면 한 장을 더 뽑아 연계하여 해석하는 것이 필요하다.

Page of Wands (완드 시종)

• 그림 설명

아무것도 없는 땅과 산(황무지)을 배경으로 붉은 깃털이
달린 모자를 쓰고 붉은 망토를 두른 젊은이가 지팡이를
세우듯 들고 그 지팡이를 바라보고 있다.

• Image Feeling

열정으로 무언가를 시작하려 하는,
호기심이 많아 보이는

• 슈트와 수비학적 의미

완드(열정) + 시종(시종은 1의 의미를 내포)
→ 열정을 품고 시작함 또는 시작하는 초보자

• Key Word

새로운 계획.시작 또는 시작하는 사람, 새로운 소식 또
는 소식 전달자, 호기심, 어설픈, 재능이 많은

역의미 반갑지 않은 소식 또는 지출, 의지 빈약, 배려심
없는, 경솔한

운세 판단	애정	재물	사업	취업	승진	이동	매매	시험	소송	건강
	△	△	△	○	△	○	△	△	△	△

　페이지란 원래 궁정에서 수습 기사 또는 잡일이나 심부름을 하는 사환을 의미하나,
오늘날 인턴이나 신입 사원 등 무엇인가를 새로 시작한 사람으로 하는 일에 초보자 또
는 아직 미숙한 사람으로 보면 적절하다.

　숫자가 부여되어 있지 않으나 11로 보기도 하거나, 궁정의 첫 계급의 특성상 1로 시작
의 의미를 갖는다. 페이지의 성향 때문에 미숙함, 순수함, 호기심 또는 성실함을 말하는
데 지팡이를 갖고 있기에 다른 원소의 페이지보다는 더욱 열정적인 초보자라고 할 수
있다.

그러나 상위 계급보다는 과감함이나 열정이 부족한(미성숙한) 부분이 있어 주변 상황을 살피면서(눈치를 보며) 다소 신중하게 움직인다고 할 수 있다. 새로운 계획이나 시작 또는 계획을 세우고 열정을 갖고 시작하는 사람을 말하나, 새로운 소식 또는 소식 전달자를 의미하기도 한다. 애정운에서는 막 연애나 사랑에 열정이 시작되었을 때 나오지만, 나이가 어리거나 젊은이이므로 연하의 상대 또는 나이 차가 많이 나는 상대를 뜻하기도 한다.

Knight of Wands (완드 기사)

• 그림 설명

불타는 듯한 붉은 깃털의 투구에 지팡이를 든 기사가 붉은 말을 타고 있다. 그가 탄 말은 앞다리를 들고 뒷다리를 움츠리며 달려 나갈 기세다.

• Image Feeling

열정적으로 과감히 움직이는

• 슈트와 수비학적 의미

완드(열정) + 기사(기사는 2의 의미를 내포)

→ 열정을 품고 추진하나 그 결과에 성공과 실패가 공존함.

• Key Word

열정적인 일의 추진, 욱하는 기질, 성취욕에 불타는, 이동성이 강한(이동, 이사, 타지 활동), 속전속결의

역의미 조급하여 마무리가 부족한, 하는 일에 방해물과 부딪히고 실수가 잦은, 경솔, 오해와 그에 따른 불화 발생

운세 판단	애정	재물	사업	취업	승진	이동	매매	시험	소송	건강
	○	△	○△	○△	○△	○○	○	○△	○	○

완드 기사는 완드 시종보다 한층 더 성숙한 상태를 나타낸다. 인생에 있어서 시종이 유소년기라 하면 기사는 청년기라고 할 수 있다. 완드 시종보다 더 적극적이며 과감하고 진취적이고 해당 원소를 다루는 능력이나 숙련도 또한 한 수 위이다.

뛰는 말의 모습과 색깔, 투구의 불꽃 모양 장식 등 불 같은 강렬함으로 열정을 보여 주는데 그의 모습은 과감하나 무모해 보일 수도 있음에 주의해야 한다.

완드 기사는 숫자 12로 볼 수 있지만, 2로 보기도 하는데 이중성, 즉, 결과의 유무를 알 수 없다고 보면 좋다. 열심히 목표를 향해 달려가지만 결과는 성공과 실패 그야말로 반반 정도의 확률. 시종보다 높을 뿐 아직 올라갈 길이 멀다고 볼 수 있다.

앞뒤 가리지 않고 일단 들이대는 인물이라 금전운에서도 돈을 벌지, 못 벌지를 떠나 그냥 열심히 일을 한다든지… 사랑도 일도 속전속결이라 애정운에서도 상대방에 대한 배려를 하지 못하고 열정과 행동으로 대시하는 직진남의 성향이 보인다. 상대 카드로 이 카드가 나오면 지팡이가 짧으므로 금방 그 열정이 식을 수도 있으니 이에 대한 주의가 필요하다.

• **그림 설명**

양측에 사자 형상이 있고 해바라기와 사자 그림이 있는
의자에 한 손에는 지팡이를, 다른 손에는 해바라기를 든
여왕이 앉아 있고 그 앞에는 검은 고양이가 보인다.

• **Image Feeling**

(열정으로) 무언가를 이루고 당당한, 자기 확신이 분명한

• **슈트와 수비학적 의미**

완드(열정) + 여왕(여왕은 3의 의미를 내포)

→ 열정의 완성(보다 완성을 위한 열정의 욕구 상승도 있음.)

• **Key Word**

(성취한 듯 모습에서) 당당하고 강직한, 신뢰할 수 있는, 의
지가 강한, 커리어 우먼, CEO

역의미 변덕스럽고 믿을 수 없는, 자기중심적이고 고집
센, 오만한, 속임수

운세 판단	애정	재물	사업	취업	승진	이동	매매	시험	소송	건강
	○	○○	○○	○○	○○	○	○	○○	○○	○

수비학적으로 최초의 완성을 뜻하는 3에 해당되어 해당 원소를 가지고 무언가 결과를
얻어 낼 정도의 계급이라고 볼 수 있다. 그림에서 완드 퀸의 여왕만이 유일하게 다리를
벌리고 앉아 있고, 사자 문양과 해바라기, 손에 든 지팡이 등 모두 남성을 상징하기에, 완
드 퀸이 남성적 힘과 열정을 지닌 인물로 (여왕의 얼굴 또한 중성적 이미지가 강함.) 남
성 못지 않은 추진력과 리더십 강한 커리어 우먼 또는 여성 CEO 등을 떠올릴 수 있다.
다만 킹 카드에 대비하여 퀸의 여성적인 면이 반영되어 어느 정도의 포용력과 수용력을
보이는 부사장 또는 관리자로 보기도 한다.

또한 고양이는 자기 영역에 민감하고 호기심 많으므로 검은 고양이는 여왕이 자기 영
역에 대한 자립심도 강하고 주위에 호기심도 많은 인물임을 보여 주나, 비밀스러움도 의
미하여 여왕의 부정적인 면(배신/이중성)을 나타내기도 한다.

King of Wands (완드 왕)

• 그림 설명

사자와 꼬리를 문 도마뱀(샐러맨더)이 그려진 왕좌에 사자 모양의 목걸이와 불꽃 모양의 장식이 있는 왕관을 쓰고 지팡이를 든 왕이 정면이 아닌 옆 방향을 향하여 앉아 있다.

• Image Feeling

(열정의 안정된 모습으로) 확고한

• 슈트와 수비학적 의미

완드(열정) + 왕(왕은 4의 의미를 내포)

→ 열정의 통제, 안정, 확고함

• Key Word

용기와 위엄 있는, 권위와 추진력/통솔력이 강한, 확신과 믿음이 가는 책임자(대표, 가장), 중재 능력, (연애운) 유부남

`역의미` 남의 말을 듣지 않는, 완고한, 독단, 독불, 홀아비

운세 판단	애정	재물	사업	취업	승진	이동	매매	시험	소송	건강
	○	○○	○○	○○	○○	○	○	○○	○○	○

  궁정 카드 중 가장 높은 계급으로 불의 원소를 다루는 능력이 가장 뛰어나서 완드 킹 자체가 불과 같다고 볼 수 있다. 숫자 4로 통제와 질서, 안정과 보수적 이미지를 갖고 있다.

  코트의 가장 높은 계급이기에 조직의 장, CEO 등을 뜻하며, 불 같은 성격에 추진력 강하고 지배적이며 통솔력 강한 성향을 갖고 있다.

  비스듬하게 앉아 있는 자세에 머리 또한 다른 곳을 향하고 있음은 타인의 말에 귀 기울이지 않고 본인의 의지대로 하겠다는 표현으로 보인다. 때문에 가장 남성답고 리더십이 있고 의지하고 싶은 인물이기도 하지만 독단적, 전제적, 권위적이라는 단점을 지닐 수도 있다. (완드 여왕과 왕은 유사성도 있으나, 그 자세가 차이가 있음에 유의한다.)

※ 샐러맨더(Salamander): 불 속에 사는 전설상의 불도마뱀이다. 뱀 머리와 꼬리의 위치가 페이지 완드에서는 멀고, 나이트 완드를 거쳐 킹 완드에서는 자신의 꼬리를 물고 있는데, 이는 계급이 높아짐에 따라 완성과 성숙도 커지고 있음을 의미한다. (완드 여왕에는 샐러맨더가 없다.)

Ace of Pentacles (펜타클 에이스)

• 그림 설명

구름에서 나온 오른손이 오각형의 별이 그려진 동전(펜타클)을 받치고 있다. 그 아래는 백합과 여러 꽃들이 가득하고, 중간에 화환 모양의 문이 보인다.

• Image Feeling

펜타클(동전)을 안전하게 잘 받쳐 든(모습은 안정적이고 정원은 풍요롭게 보이는)

• 슈트와 수비학적 의미

펜타클(현실, 안정, 물질) + 1(탄생, 시작, 유일, 완전)

→ 현실의 시작, 안정된 시작, 순수한 물질

• Key Word

풍요한/안정적인 시작, 돈벌이가 되는 시작, 안정적인 행복/번영/수입, 복권, 유산/상속

역의미 탐욕, 욕심, 인색함, 낭비, 사치, 돈을 받지 못함, 건강이나 물건을 잃음

운세 판단	애정	재물	사업	취업	승진	이동	매매	시험	소송	건강
	○	○	○	○○	○○	○	○	○	○	○

    에이스는 숫자 1로 시작, 탄생의 의미와 완전, 최고의 의미도 갖는다. 또한 펜타클은 흙을 뜻하여 현실, 물질, 땅, 육체, 감각과 안정을 의미한다.

    따라서 펜타클 에이스는 현실의 시작, 안정적 시작, 순수한 물질을 말한다. 완드 에이스가 순수한 열정 하나로 시작하는 것이라면 펜타클 에이스는 안정적 토대(투자 등)에서 시작하거나 시작부터 결실을 염두에 둔 현실적 시작이나 시작하자마자 물질적 이득을 얻으며 시작한다는 차이를 갖는다. (손 아래의 백합 꽃 등 정원 또한 풍요로움을 의미한다.)

    펜타클 에이스는 물질적 이득으로 유산을 받거나, 복권 등 큰 돈이 들어오거나, 직장에서는 승진이나 보너스를 받을 수 있는 카드이다. (연애운에서 이 카드는 금전적으로 돈을 벌기 시작하므로 솔로든 커플이든 금전적 여유로 인한 좀 더 나은 연애를 기대할 수 있겠다.)

Two of Pentacles (펜타클 2)

• 그림 설명
붉고 기다란 모자를 쓴 인물이 한 발은 들고 외발로 서서 두 개의 동전으로 저글링(Juggling)을 하고 있다. 저 멀리는 출렁이는 큰 파도로 인해 배들이 흔들리고 있다.

• Image Feeling
아슬아슬하면서도 둘 사이에 균형을 잘 잡고 있는

• 슈트와 수비학적 의미
펜타클(현실, 안정, 물질) + 2(대립, 갈등, 조화, 균형, 이중성)
→ 두 현실에 대한 대립, 갈등, 조화, 균형

• Key Word
두가지 일을 동시에 하는(투 잡), 상업적 거래, 결정을 망설이는, 불안정한 연애, 불안정의 유지, 잠재적인 위험들, 변화에 대응, 즐기는(즐거워함)

역의미 (한 가지에 집중을 못 하여) 두 개를 다 놓치는, 돌려막기 하는(지금 압박), (하나의 직장인인 경우) 업무가 많은

운세 판단	애정	재물	사업	취업	승진	이동	매매	시험	소송	건강
	△×	△	△	×	△	△	△	×	×	×

　숫자 2는 대립과 갈등, 조화와 균형, 안정과 불안정 등 이중성의 의미를 갖고 있다. 또한 펜타클이 현실과 물질이므로 펜타클 2는 흙과 관련된 갈등과 균형에 해당된다. 애정이든 금전이나 직장이든 어느 면에서나 이상이 아닌 현실, 심중이 아닌 물증을 바탕으로 생각해야 한다.

　펜타클이 현실을 바탕으로 하기에, 예로서 영자를 만나고 있는데 옥순이라는 사람에게도 관심이 있다고 한다면, 그 상황은 펜타클 2가 시사하는 갈등과 조화의 상황이라기보다는(위 상황은 완드 2에 가깝다), 이미지처럼 두 개의 동전을 이미 손에 들고 있듯이 영자와 옥순 둘 다를 이미 만나고 있는 상황에서의 갈등과 균형을 의미한다는 것이다.

애정운에서도 동전을 사람으로 보면 양다리를 이미 걸치고 있거나, 사람이 아닌 경우는 예로 일과 사랑이라든가, 공부와 연애 등에 대한 갈등과 균형의 상황으로 생각할 수 있다. 출렁이는 파도 위 배들과 저글링 하는 인물 역시 한 발을 들고 있음은 상황이 위태위태함을 보여 준다. 또한 동전이 뢰비우스의 띠로 연결되어 있음은 그 균형이 깨지기도 쉽지 않아 보이며 계속해서 균형을 잡아 나가야 함을 의미한다. 질문에 따라 연애에서는 두 사람의 즐거운 연애를 의미하기도 한다.

이 카드는 불안정한 시기나 상황이지만 뢰비우스의 띠가 갖는 영원과 무한대의 힘으로 인해 갈등과 균형을 통제할 수 있다면 성공을 기약할 수 있음으로 보여 주는 카드이기도 하다.

• 그림 설명

속이 빈 3개의 펜타클이 보이는 기둥 주위로, 작업을 하는 인물과 설계사로 보이는 인물 그리고 성직자가 무언가 상의를 하는 것으로 보인다.

(세 사람은 기술자/조각가, 설계사와 수도원장 정도로 본다.)

• Image Feeling

작업의 마무리 단계에서 상호 조율을 하는

• 슈트와 수비학적 의미

펜타클(현실, 안정, 물질) + 3(최초의 완성, 미완성)

→ 현실적인 완성과 결과물(아직은 미완성인)

• Key Word

전문가, 기술자, 능력 있는 사람, 숙련된 기술이나 예술적 협업/동업 (또는 협업이나 동업이 요구되는)

역의미 (협업이 잘 안 되어) 의견 다툼이 있는, (협업이 잘 안 되어) 기술 발휘가 안 되는, 동업 실패, 불일치, 동조받지 못함

운세 판단	애정	재물	사업	취업	승진	이동	매매	시험	소송	건강
	○	△○	○	○	△○	○	○	△○	△○	○

　숫자 3은 최초의 완성 또는 작은 결과물이며, 때문에 아직은 미완성이라는 의미도 포함한다. 여기에 펜타클과 연관하면 현실로 드러난 완성 또는 결과물로 볼 수 있다. 만일 어떤 기술이나 지식을 배우고 익혔다면 그것을 가지고 실제로 무언가를 만들거나 성과를 낸 것이고, 그림의 상황이라면 건물과 관련된 기술이나 지식으로 건물 또는 구조물의 제작 또는 보수의 결과를 얻을 것이다. 다만 다른 펜타클과 달리 꽉 찬 것이 아닌 비어 보이는 펜타클은 도면을 들고 무언가를 주문하는 듯한 두 사람과 건물 전체가 아닌 한 쪽 기둥만이 보이는 이미지 상응하여 숫자 3의 또 다른 의미인 미완성의 나타내고 있다.

연애, 금전, 직장 등 어느 질문에서나 결실을 맺을 수 있게 된다. 다만 그 크기가 충분할 정도로 크지는 않다는 것을 염두에 두어야 한다. 질문에 따라 세 사람이 의논하는 모습에서 까다로운 주문이나 요구 사항 또는 삼각관계, 세 명의 동업 등을 말하기도 한다. 물론 그 바탕에는 3과 흙 원소가 깔려 있음을 간과해서는 안 된다.

　지금 진행하고 있는 것이 최초의 생각한 것에 올바르게 진행이 되고 있는지, 어떠한 문제점을 갖고 있지는 않는지, 꼼꼼하게 살펴 보고 주위의 조언에도 귀를 기울일 때, 내가 원하고 바라는 퍼즐의 완성을 기대할 수 있을 것이다.

FOUR of Pentacles (펜타클 4)

• 그림 설명

왕관을 쓰고 갈색 옷과 짙은 보라색 망토를 두른 인물
이 동전 하나는 머리에 이고, 또 다른 동전은 양손 전체
로 감싸듯 품고, 다른 동전 2개는 양발로 밟은 채 딱딱
한 돌 위에 앉아 있다. 그 뒤로는 여러 건물들이 보인다.

• Image Feeling

(가진 것이 많아 보이나) 움켜 안은 채 어느 하나도 놓지 않
으려는

• 슈트와 수비학적 의미

펜타클(현실, 안정, 물질) + 4(안정, 질서, 확고한 기반)
→ 현실적인 안정, 물질적인 지배, 기반

• Key Word

소유욕이 강한 구두쇠, 인색한, 이해 타산적인, 자린고
비, 재산 관리를 잘하는, 자기 것을 지키는, 사채업자

역의미 재정적 물질적 손해, 이익이 없는, 굼뜨고 정체
된, 사리사욕에 잘못된 판단을 하는, 배려나 이해심을
갖게 되는

운세 판단	애정	재물	사업	취업	승진	이동	매매	시험	소송	건강
	△	△○	△○	△○	△	△	△	△	△	○

　숫자 4는 안정, 질서, 통제, 확고한 기반을 말하며, 펜타클은 현실적인 것, 돈, 땅, 현물,
물질, 육체 등을 의미하므로, 펜타클 4는 현실적 안정, 탄탄한 물질이나 기반, 현실적인
통제와 물질적인 지배라고 볼 수 있다. 따라서 물질을 잘 다루고 관리하는 사람으로 볼
수도 있지만, 이미지에서 욕심이 많아 보이듯이 돈에 욕심이 많은 사람이나 구두쇠를 나
타내기도 한다.

　흔히 구두쇠 카드라고도 하는데 갈색 옷은 물질과 현실을, 짙은 보라색 망토는 보라

색의 이중성과 검정 느낌을 더하여 무겁고 불안함을 의미하고, 동전을 꽉 움켜쥔 채 머리와 발아래 동전으로 인해 인물은 꿈쩍조차 할 수 없어 보인다. 따라서 애정운이나 대인 관계에서 '상대방이 다가올 것인가'라는 질문에는 'No'가 될 것이다. 그 이유는 물론 펜타클에 있다. 즉, 움직인다면 동전이 떨어질 수 있을 것이고 이는 현실적 안정이 흐트러진다는 것이니 물질적 현실적 손해가 있을 수 있다는 말이 된다.

금전이나 사업 직장 등 현실적 질문에는 안정된다는 의미가 있으므로 긍정의 답을 준다. 그러나 일이 시작되거나 움직여야 하는 경우에는 부정의 의미를 찾을 수도 있다.

인물은 동전을 갖고 있다기보다는 동전이 인물을 꽉 옭아매어 놓은 형태이다. 자신의 희망과 목표를 이루는 데 돈이 필요하겠지만 돈 자체가 희망과 목표가 되면 결국 자신을 망가뜨리고 주변도 모두 잃어버리는 것이 아닐까⋯. 이 카드가 주는 메시지이다.

FIVE of Pentacles (펜타클 5)

• 그림 설명
눈이 내리는 날에 허름한 차림의 두 남녀가 걸어가고 있다. 남자는 목발을 짚고 걷기에도 불편해 보이며, 여자는 신발도 신지 않은채 땅만 보며 걷고 있다. 그 뒤로 교회로 보이는 건물에는 동전 5개가 그려진 창문이 있다.

• Image Feeling
누더기 옷에 아프고 춥고 배고프고 정말 없어 보이고 힘겨워 보이는

• 슈트와 수비학적 의미
펜타클(현실, 안정, 물질) + 5(진보/팽창, 불확실성)
→ 현실적 물질적 불확실성

• Key Word
빈곤, 궁핍, 금전적 손실, 직장에서의 해고·명퇴 등 실직, 몸이 아픈, 기회 상실, 의지 할 곳 없는, 열악한 환경

역의미 손실을 피할 수 있는 기회, 궁핍 모면, 삶의 호전

운세 판단	애정	재물	사업	취업	승진	이동	매매	시험	소송	건강
	△×	××	××	××	××	××	××	××	××	××

　　숫자 5는 안정된 수 4에 시작의 1이 더해져서 진보와 팽창, 그에 따른 불확실성을 의미한다. 따라서 현실의 펜타클과 만나서 현실적인 특히 금전적인 불확실성을 생각할 수 있다. 이미지에서도 눈이 오는 겨울날 헐벗고 굶주리고 거기에 아프기까지 한 듯한 모습은 보기에도 힘겨워 보인다.

　　펜타클 5는 거지 카드로 알려져 있다. 통상 빈곤과 경제력이 약하거나 또는 의지할 곳이 없는, 고난과 고통을 겪는 카드로 본다. 또한 힘든 상황에도 불구하고 주변의 도움(동전 5개가 그려진 성당)을 못 보고 지나치거나 다른 사람에게 도와 달라고 하지 못하는 사람을 뜻하기도 한다.

금전운에서 펜타클 5는 궁핍한 상태를 말하고 직장의 경우는 실직이나 명퇴 등을 의미하기도 한다. 또한 질문에 따라 몸이 아픈 경우도 생각할 수 있고, 애정운에서 만남이 진행된다면 금전적인 이유가 아니어도 현실적인 문제, 예를 들면 가족이나 부모님의 반대 등 어려움이 따르는 연애를 생각할 수 있다.

여러 면에서 부정적이고 어려운 처지이나, 땅만 보듯 하지 말고 주위을 돌아보면 생각지 않은 데서 기회가 주어질 수 있다. 또한 다소 일단 쉬면서 몸이나 상황을 회복하며 상황을 변화를 살피는 지혜도 필요하다.

SIX of Pentacles (펜타클 6)

• 그림 설명
부자로 보이는 인물이 한 손에는 저울을 들고, 다른 손으로는 가난하게 보이는 사람들에게 동전을 나눠 주고 있다.

• Image Feeling
도움을 주고 도움을 받는

• 슈트와 수비학적 의미
펜타클(현실, 안정, 물질) + 6(연합, 결합)

→ 현실적인 물질적인 연합

• Key Word
(주는 사람) 자선, 가능성 있거나 계획을 실행하는 투자, 베풂, 관용

(받는 사람) 금전적 도움이나 대출, 대가, 인센티브, 공정한 지불, 귀인

역의미 베풂이 없는, 관대하지 않은

운세 판단	애정	재물	사업	취업	승진	이동	매매	시험	소송	건강
	○	○	○	○	○	○	○	○	○	○

숫자 6은 3 + 3으로 불완전한 존재가 서로 만나 더 완벽한 상태가 되는 것으로, 연합이나 결합 또는 사랑을 표현한다. 따라서 펜타클의 물질과 연관하여 물질에 대한 연합으로 볼 수 있다.

이미지에서와 같이 통상 다른 사람에게 금전이나 물질을 베푸는 사람과 그것을 받는 사람으로 보는데, 질문의 상황에 따라 베푸는 사람인지 도움을 받는 사람인지가 구분되어야 한다. 만일 베푸는 자에게 도움받을 상대가 없는 경우는 투자와 같은 지출을 의미할 수도 있다. 예를 들어 사업을 준비하는 사람에게 이 카드가 나오고 주고받을 상대가

없다면 사업장 또는 시설금 등의 투자(지출)를 생각할 수 있고, 취업생이라면 교육을 위한 학원비 등의 지출을 생각할 수도 있다.

도움이 필요한 사람에게는 이 카드는 귀인성의 카드로 해석되어 실제로 귀인을 만나거나 현실적으로 대출 가능의 의미를 담고 있다.

애정운이나 대인 관계에서 펜타클 6은 상대방과의 현실적인 도움을 주고 받는 사이라고 볼 수 있다(가끔은 스폰서 관계에 등장하기도…). 그리고 주는 사람은 자비와 친절, 관대함을 보여 주는 듯하지만 천칭 저울을 들고 있는 모습에서 공정함과 객관성을 갖고 각자의 몫에 합당하게 주겠다는 것을 의미한다.

'Give & Take'의 보다 근원적인 의미를 생각하고, 내가 원하고 바라는 것이 주어지려면 그만큼 내가 해야 하는 것도 주어짐을 항상 잊어서는 안 된다.

• 그림 설명

농부로 보이는 인물이 하던 일을 멈추고 잠시 쉬며 고민하는 듯 나무에 달린 풍성한 열매(펜타클)을 바라보고 있다. 6개의 열매는 나무에, 나머지 하나는 발아래 있다.

• Image Feeling

이렇게 할까 저렇게 할까 고민을 하는, 고된 수고 뒤에 결실을 기다리는

• 슈트와 수비학적 의미

펜타클(현실, 안정, 물질) + 7(균형, 조화, 이중성, 완성 / 신의 수)
→ 현실에 대한 이중성과 그것의 조화.균형

• Key Word

현실적인 심사숙고, 고된 노동을 통한 결실을 기다리는 (또는 다음 단계를 위한 준비를 하는), 이사나 이동에 고민, 노력한 만큼의 결실, 자신을 성찰하는, 일에 대한 회의감

역의미 성급한/경솔한, 잘못된 투자에 대한 걱정.불안

운세 판단	애정	재물	사업	취업	승진	이동	매매	시험	소송	건강
	△	○	△	△	△	△	△	○	△	△○

이미지에서 인물은 무언가 생각에 잠기어 고민을 하고 있는 모습이다. 물론 그 고민은 현실과 연관된 것이므로 숫자 7로 보아 이중성과 그것에 대한 균형이나 조화를 생각하면, 현실적으로 이것 아니면 저것을 결정해야 한다고 생각할 수 있다. 따라서 펜타클 7은 현실적인 심사숙고의 카드로 본다. 금전이든 애정이든 직장이나 사업 어느 면에서든 현실적으로 고민을 해야 한다. 물론 고민을 뜻하는 다른 카드도 있지만, 펜타클 7은 현실적으로 계산하는 고민을 한다는 것이 다르다.

농부가 농작물을 수확할지 어떨지를 고민하거나 자신이 해 온 방식이 어떠했는지를 숙고하는 것처럼 지금까지 달려온 것을 잠시 멈추고 자신이 이룬 수확이나 성과와 그 과정을 평가하고, 앞으로 나아갈 방향을 생각해야 한다는 메시지를 전달한다.

Eight of Pentacles (펜타클 8)

• 그림 설명

한 인물이 망치와 정으로 동전(펜타클)을 만들고 있다. 5개 (보기에 따라 6개)의 동전은 이미 완성하여 나무에 걸려 있고, 나머지(보기에 따라 2개 또는 3개)는 마무리 작업을 남겨 두고 있어 보인다.

• Image Feeling

(무언가를) 열심히 그리고 꾸준히 하는

• 슈트와 수비학적 의미

펜타클(현실, 안정, 물질) + 8(부활, 유지, 영속, 꾸준함, 욕구 자제)

→ 현실적으로 실질적으로 꾸준히 추진하는

• Key Word

현실적(실질적) 꾸준한 기술 연마 또는 그에 따른 금전적 보상, 성실함, 손재주, (아직은) 초보적인 기술

`역의미` 열정이나 꾸준함이 부족한, 태만한, 불성실, (노력 않고) 허영심만 있는, 건방진, 미숙한 기술, 재능 없음

운세 판단	애정	재물	사업	취업	승진	이동	매매	시험	소송	건강
	△	○	○	○	○	△○	○	○	○	△

　숫자 8은 8번 힘 카드와 결부하여 보면, 사자를 길들이기 위해 자신의 욕구를 다스리며 차근차근 노력하여 가는 실질적인 기술 연마의 단계로 볼 수 있다. 이미지에서도 기술자나 장인이 뭔가를 하는 모습으로 장인 카드라 불린다. 숫자 8이 부활, 유지, 영속, 꾸준함을 의미하는데 펜타클의 현실과 맞물리면, 일을 현실적으로 꾸준하고 열심히 한다는 것이 되어 일이나 금전, 사업, 프로젝트 등 여러 질문에서도 좋은 해석이 된다. 다만 애정운에서는 특히 상대방의 입장에서는 그다지 반길 수만은 없는 카드이다. 경제적인 면을 고려해야 하는 결혼은 좀 다르나, 만나서 데이트도 해야 뭔가가 진행되는데, 특히나 일이나 공부 등에 너무 몰두하는 워커 홀릭 성향의 경우는 더욱 그러하다.

카드 설명　129

경우에 따라서는 일이나 현실에 의무나 책임감으로 꾸준히 해 나가듯 애정 표현에도 상당히 신경을 쓰는 경우가 있는데, 이 경우에도 일반적인 감성이나 감정이기보다는 상대에 대한 책임이나 의무로 다가가기에 받는 입장에서는 왠지 맘이 편치 못할 수도 있다.

기술을 가진 사람이나 장인을 뜻하기도 하나, 강약의 관점에서 아직 숙련도가 부족하여 기술을 연마 중인 견습생이나 수습생, 또는 취업이나 시험에 대비하는 공부의 의미도 있다.

전체적으로 어느 면에서나 지금까지 해 오던 것을 확신을 갖고 꾸준히 해 나간다면 머지않아 원하는 결과와 보상을 얻을 수 있을 것이다. 성실함과 꾸준함… 어느 누구에게도 또 누가 보아도 최고의 재산이랍니다!

NINE of Pentacles (펜타클 9)

• 그림 설명

부유해 보이는 여성이 보인다. 한 손에는 맹금류로 보이는 새가 앉아 있고, 다른 손은 과실처럼 매달린 동전을 어루만지고 있다. 여성의 주변에는 포도와 동전이 주렁주렁 열려 있고 여성의 모습은 풍요롭고 여유 있어 보인다.

• Image Feeling

성공을 이루고 만족함을 느끼며 풍요 속에서 여유로움을 즐기는

• 슈트와 수비학적 의미

펜타클 (현실, 안정, 물질) + 9(이상, 끝, 완성, 승화)

→ 현실적인 완성(성공)

• Key Word

현실적 완성(성공)과 그에 따른 여유와 안정, 목표의 실현, 여가/취미 생활, 자연을 즐기며 힐링하는 여행, 솔로 생활

역의미 나태한, 낭비적인, 소중한 것을 잃음, 돈을 잃음, 사기

운세 판단	애정	재물	사업	취업	승진	이동	매매	시험	소송	건강
	△	○○	○○	○○	○○	○	○○	○○	○	○

　숫자 9는 이상과 끝, 완성과 승화를 의미하여 펜타클과 연관 현실적인 완성을 의미하고 그만큼 여유가 있음을 생각할 수 있다. 이미지에서도 성공한 인물의 여유 있는 상황을 볼 수 있어 문화 생활이나 취미 정도는 누릴 수 있는 경제적 여건이나 재물을 의미한다. (장갑을 끼고 눈을 헝겊으로 가린 새를 들고 있음은 맹금류를 다루는 모습인데, 이는 매를 가지고 사냥하는 취미로 귀족이나 부유층이 누릴 수 있는 것이다.) 또한 포도는 풍요와 다산을, 펜타클도 현실과 물질을 의미하니 이것 역시 현실적인 풍요와 여유로움을 표현한 것으로, 자신의 능력으로 목표한 것을 성취하고 이제는 여유롭게 즐기려 하는 모습이다.

그러나 물질적 여유로움 뒤에 무언가 모자란 듯한 분위기가 숨어 있다. 바로 혼자라는 점이다. 인물 앞의 홀로 지내는 것으로 알려진 달팽이가 지나가는 것도 그런 외로움을 말하는데, 성공과 여유 속에 왠지 모를 우울함과 공허함이 있는 것이다. (마치 9번 은둔자의 홀로 있는 느낌…) 따라서 금전이나 현실과 관련된 질문에서는 긍정의 의미가 강하고, 일이나 공부에 관해서는 잠시 여가를 즐기는 것으로 보는데, 애정운에 있어서는 혼자이다 보니 반갑지만은 않으나, 나름 지금의 상황을 즐기며 스스로를 사랑하는 사람의 모습이다.

※ 달팽이의 홀로 생활과 느릿함(여유로움) 그리고 달팽이의 달팽이 집(자기만의 공간) 등이 이 카드의 여성의 심리와 상태를 표현한다.

• 그림 설명

부유한 가정에 남녀가 보이고 여성은 즐거워하고 그 옆에는 아이와 2마리의 개가 보인다. 그리고 그 앞으로 (다소 쓸쓸해 보이는) 백발 노인이 다소 떨어져 있듯 앉아 있고 주위에는 10개의 동전이 펼쳐 있다.

• Image Feeling

풍요롭고 즐거워 보이는 가정이 보이는

• 슈트와 수비학적 의미

펜타클(현실, 안정, 물질) + 10(완성 9와 또 다른 시작 11 (11 → 1)의 경계, 1 + 0 = 1(또 다른 시작 의미)

→현실·물질의 순환, 돌고 도는

• Key Word

부유한(가정), 유산 상속, 전통 계승, 돈이 오고 나가는 (계약), 유리한 매매, 연금이나 적금을 타는, 행운을 잡은, 가족 간의 도움

역의미 유산 받지 못함 또는 손실, 유산 싸움, 유산 탕진, 불리한 매매/계약, 가족 간의 불화

운세 판단	애정	재물	사업	취업	승진	이동	매매	시험	소송	건강
	○○	○○	○○	○○	○○	○○	○○	○○	○○	○○

숫자 10은 완성의 의미이자 1 + 0으로 1의 반복이며 또 다른 시작이다. 9(종말)와 1(시작)의 의미를 모두 포함한 중의적 의미와 반환점으로 새로운 시작이라는 뜻을 갖는다.

10개 펜타클의 위치는 우측 그림과 같이 카발라의 세피로트(Sephiroth)와 같은 형태로 시작과 끝, 즉 윤회와 순환을 보여 주고 있다.

이미지에서 펜타클이 10개로 꽉 차 있으므로 부유하고 풍족한 가정을 나타낸다. 그런데 중요 점은 아이, 어른 그리고 노인이 모두 등장하며 세피로트 모양으로 배치되었고,

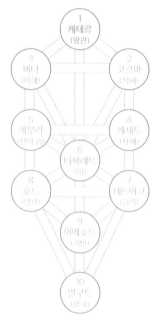

세피로트(Sephiroth)-생명의 나무

10번 운명의 수레바퀴의 윤회와 순환과 같이, 이런 맥락에서 집안에 3대가 모두 그려져 있는 것이다. 이는 결국 '흐름'을 말하는데, 펜타클(물질)의 흐름을 의미하여 유산 상속 등을 나타내게 된다. 따라서 집안의 금전적 문제와 관련된 질문이나 현금을 만지는 일 또는 장사를 하는 사람에게 이 카드가 등장하곤 한다. 그런데 금전운에서 이 카드는 단순히 돈을 많이 번다고만 하면 안 되는 것은, 돈이 돌고 도는 것을 내포하므로 많이 벌고 많이 나가는 상황을 살펴야 한다.

금전이나 사업운에서는 통상 긍정적이나 부정적 흐름이라면 집안에 돈 문제가 있다거나, 연애운에서는 집안에 문제가 없다면 돈을 쓰면서 즐거운 시간을 보낸다는 정도의 해석이 가능하다.

긍정적으로는 행복하고 부유한 가정 또는 이런 상황을 의미하나, 여성은 남성을 보는 듯하나, 남성의 시선은 건물을 향하고 아이 또한 다른 곳을 응시하는 것에서 감정의 결핍 등으로 가정의 갈등이나 불화를 의미할 수도 있다. 이것은 물질적인 가치에 휘둘리면 정신적 가치가 퇴색될 수 있음을 의미한다. 돌고 도는 세상~ (노인의 다소 쓸쓸한 회한이 남지 않게) 물질에만 머물지 않고 베풀며 사는 삶이 되어야 하지 않을까.

Page of Pentacles (펜타클 시종)

• 그림 설명

나무와 풀이 보이는 들판 위에 젊은이가 두 손으로 동전 하나를 받쳐 들고 서 있다.

• Image Feeling

조심스럽고 소중하게 받쳐 든 펜타클을 바라보는

• 슈트와 수비학적 의미

펜타클(현실, 물질, 안정) + 페이지(신중한, 부지런한, 시작하는)

• Key Word

신중하고 노력하는, 돈 개념이 있는(아끼는), 금전(일)과 관련된 소식, 장학금, 아르바이트, 작은 이익,

역의미 게으른, 낭비적인, 돈물질에 집착하는, 안정에 치우쳐 기회를 놓치는

운세 판단	애정	재물	사업	취업	승진	이동	매매	시험	소송	건강
	△	△	△	○	△	○	△○	△	△	○

　예전 궁중에서 잔심부름이나 잡일을 하던 시종이므로 오늘날 알바생이나 수습생, 인턴 또는 신입 사원, 말단직 정도에 해당하며 어느 분야에서 처음 시작하는 초보자의 특징을 갖는다. 때문에 해당 원소의 성향을 지니면서도 신중한 모습을 갖고 순수함과 미숙함, 순진함과 어리석은 성향을 지니고 있다.

　물론 초보자이기에 원소를 다루는 능력이나 숙련도도 가장 낮은 단계이다. 펜타클이 흙을 상징하여 현실, 물질을 뜻하고 흙의 속성처럼 단단하고 안정적이므로, 다른 원소의 시종보다는 훨씬 현실이나 물질에 대한 감각이 우수하고 안정적이고 신뢰할 수 있다. (다른 페이지에 비교해서) 통상 현실적으로 새로 무언가를 시작하는 인물로 물질에 대한 욕망도 지니고 경제관념도 있으나 아직은 어설프고, 이제 돈을 벌기 시작하거나 작은 이득이나 결실을 본 것 정도로 생각할 수 있다.

일을 함에 있어 안정을 먼저 생각하기에 일의 추진이 오래 걸릴 수도 있고, 때로는 신중한 망설임으로 기회를 놓치는 수도 있다. 만일 어떤 일을 시작할 때 어느 정도의 성과를 볼 수 있을까의 질문에는 손해 보지 않을 정도의 이득이나 성과 정도로 보는 것이 적합하다.

애정운이라면 이제 막 연애를 시작했거나, 이미 시작한 경우라면 원소의 특징으로 보아 (다른 페이지 보다는 현실성을 더해서) 마음 정도라도 서로 확인했거나 물리적으로는 아마 손이라도 잡으면서 시작하는 연애 정도를 생각할 수 있다.

다른 카드보다 금전적인 곳에 무게가 주어지므로 이에 대한 부정적인 면을 염두하는 것이 좋겠다.

• 그림 설명

갈색의 옷을 두르고 갑옷을 입은 기사가 갈색 안장의 검은 말에 타고 한 손은 말의 고삐를 잡고 다른 손은 동전을 받쳐 들고 있다. 갈색 안장의 검은 말은 반듯이 서서 좀처럼 움직일 것으로 보이지는 않는다.

• Image Feeling

조심스럽게 펜타클을 받쳐 들고 가만히 있는(당장은 움직임이 없어 보이는)

• 슈트와 수비학적 의미

펜타클(현실, 안정, 물질) + 나이트(대립과 갈등, 균형과 조화, 이중성)

• Key Word

신중하고 인내하는, 사려 깊은, 성실하고 책임감 있는, 우유부단한, 정체하는, 고지식한

역의미 신중함이 지나쳐 기회를 놓치는, 일이 침체된(정체된), 게으른, 무기력한, 지루한, 신뢰할 수 없는

운세 판단	애정	재물	사업	취업	승진	이동	매매	시험	소송	건강
	△	△	△	△	△	△	△	△	△	○

나이트는 숫자 2로 보기도 하여 2의 이중성을 포함하고 있어, 목표나 이상에 대한 성공과 실패를 모두 지니게 된다. 갑옷을 입고 있는 기사의 갈색 옷과 말의 갈색 안장은 물질이나 현실을 상징하는 것으로 펜타클과 연관되며, 말의 검은색 또한 가볍지 않고 무거움을 의미하여 행동이 가볍지 않고 신중하고 조심스럽다는 것을 의미한다.

통상 상황을 지켜보거나 때를 기다리며 참고 있는 의미와 때로는 우유부단함과 일이 진행되지 않는 의미를 지니기도 한다. 이렇듯 다른 3명의 나이트와는 달리 펜타클 나이트는 말을 타고 있음에도 움직임과는 거리가 먼 카드이다. 다만 움직이지 않기보다는

신중함과 나름 완벽 주의를 지니고 있기에 적당한 시기나 상황을 기다린다고 보는 것이 좋다. 따라서 어떤 일을 새로 시작하거나 진행하려 할 때, 펜타클 나이트는 바로 진행될 수 없음을 암시하여 때가 안 됐거나 시기를 보며 움직이지 말라고 조언할 수 있다. 그러나 일이 이미 시작됐다면 펜타클 페이지보다는 좀 더 안정적으로 상황을 유지해 나간다고 볼 수 있다.

※ 땅이 가지런히 갈려 있어 보이나 싹이 나거나 곡식이 보이지 않는 것은 준비는 되어 있음을 의미한다. 목표를 갖고 꾸준히 나간다면 성취할 수 있으며 따라서 단기적 성과 보다는 중장기적 계획을 갖고 추진하는 것이 필요함을 보여 준다.

Queen of Pentacles (펜타클 여왕)

• 그림 설명

장미 넝쿨과 꽃과 풀이 보이는 곳에 붉고 흰 옷과 녹색 천이 달린 왕관 쓴 여왕이 염소 문양의 의자에 앉아 있다. 여왕은 펜타클을 소중히 품안에 안고 바라보고 있다.

• Image Feeling

펜타클을 소중히 안전하게 품고 있는

• 슈트와 수비학적 의미

펜타클(현실, 안정, 물질) + 퀸(최초의 완성, 결실, 풍요, 풍부)

• Key Word

안정적이고 풍요로운, 돈을 아끼는, 부유함, 임신, 모성본능 교육 복지 사업, 세무/회계/금융/주식 관련 전문가

역의미 (너무 안정을 추구하여) 나태하고 의지/확신이 없는, 행동은 하지 않는, 돈을 밝히는, 운동 부족

운세 판단	애정	재물	사업	취업	승진	이동	매매	시험	소송	건강
	○	○○	○○	○○	○○	○	○○	○○	○○	○

　퀸은 숫자 3으로 보아 최초의 완성이나 기반 등을 내포하며, 시종이나 기사보다 더 나은 능력과 숙련도를 갖고 있다. 직장에서 부장, 임원 등 관리자급에 해당된다.

　이미지에서 붉은색과 흰색, 녹색은 각각 열정, 순수함, 지혜와 치유의 에너지를 나타내며 머리의 노란색 왕관과 펜타클은 물질적 풍요와 부를 의미하므로 펜타클 퀸은 능력과 부를 모두 소유한 성공한 여성임을 말하며, 반대의 경우에는 돈을 밝히거나 물질을 탐하는 사람을 의미할 수도 있다. 왕좌 등받이 위의 케루빔(지천사)은 천사 얼굴은 지식과 지혜를 나타내고. 염소는 사탄을 상징하여 정욕을 의미하기도 하나 암염소의 경우 여성적 생식력과 풍요, 풍부함을 의미하고, 토끼는 겁 많은 성질 때문에 조심스러운 태도와 다산과 색욕을 상징하기도 한다.

　가정주부에게도 자주 나오는 카드로 이 경우 안정적이며 행복한 가정과 임신, 풍요, 결실 등의 좋은 의미를 갖는다.

• 그림 설명

검은 바탕에 포도송이가 가득한 옷을 입은 왕이 양손에 펜타클과 보주 달린 지팡이를 들고 황소 문양이 있는 의자에 앉아 있다. 그의 갑옷 입은 왼발은 맹수 형상의 머리를 밟고 얼굴은 펜타클을 향해 눈을 감고 있다.

• Image Feeling

여유롭고 편안하며 모든 것이 풍족한

• 슈트와 수비학적 의미

펜타클(현실, 안정, 물질) + 킹(통제, 지배력, 안정)

• Key Word

경험 많고 신중하며 책임감 있는, 재력/물질적 풍요, 비지니스에 능한 세무/금융 관련 업, 스폰서

역의미 나태함, 부패, 타락, 탐욕, 도박, 속물, 고집이 센

운세 판단	애정	재물	사업	취업	승진	이동	매매	시험	소송	건강
	○	○○	○○	○○	○○	○	○○	○○	○○	○

　킹은 코트의 최고 계급이므로 사회에서의 수장, CEO 등을 의미하고 원소를 다루는 능력과 숙련도가 가장 우수하며, 보스 기질은 물론 힘과 안정을 중요시하나, 반면 변화를 싫어하고 융통성이 없는 경우도 있다. 현실이나 물질, 육체 등을 뜻하는 펜타클의 최고 계급이기에 물질에 대한 욕망이 강하고 관리가 뛰어나서 물질적 경제적으로 성공한 사람이나 재력가를 가리킨다. 따라서 배우자 질문에 펜타클 킹이 나오면 이미 경제적인 능력은 상당히 좋다고 볼 수 있다. 포도와 넝쿨 뒤에 있는 성 또한 부유함을 나타낸다.

　다만 가진 것이 많은 만큼 탐욕이 강함을 볼 수 있는데 입은 옷의 색과 옥좌의 색이 검은 것은 물질에 대한 어두운 면을 의미하고 있는 것이다. 물질만능주의나 탐욕과 욕망이 강한 향락적인 인물, 소유와 지배욕이 강한 사람을 생각할 수 있다.

　해당 원소의 최고이니만큼 어느 면에서나 긍정적이나, 돈에 대한 야망이나 욕망을 맹수의 머리를 밟듯 적절히 억누르고 통제할 수 있어야 한다.

[쉬어 가기 #1] 타로 리딩에서 중요한 것은…?!

타로카드를 이용하기 위해서는 기본적으로 알아야 할 것들이 있지만, 그런 기본적인 사항들을 제외하고서는 최우선적으로 해야 하는 것이 **이미지 리딩(또는 Image Feeling)**이다.

물론 매뉴얼을 외워서 키워드를 사용하는 방법이 기초적이고 중요한 수단이기도 하지만, 인물의 표정, 주변의 배경, 이미지가 주는 느낌 등을 읽어서 해석하는 것이 보다 우선되어야 한다는 것이다.

사람마다 이미지를 느끼고 읽는 방법이 다를 것이고, 또한 그날그날의 느낌도 다를 수 있다. 같은 카드라도 밝은 면과 어두운 면을 읽어 내는 느낌이 다를 것이고 인물과 사물 그리고 배경의 상징에 따라서도 그 리딩이 달라질 것이다.

가장 우선적으로 이미지 리딩을 하기 위해서는 수없이 이미지를 봐야 하고 그 이미지를 보면서 그 느낌을 언어로 표현해 봐야 한다. 또한 리딩 시 모든 사물과 인물 그리고 느낌을 모두 다 설명하려 할 필요는 없다. 때로는 시선이 먼저 위치한 곳에 따라 해석을 하는 것이 보다 나은 의미를 보여 주기도 하기 때문이다.

그래서 쉬운 듯 어려운 듯,

중요한 것은 자신의 느낌과 직관력에도 충실해야 한다는 점….

[쉬어 가기 #2] 타로카드의 해석 순서

1. 전체를 보고 부분을 보며,

2. 동일한 것을 보고 개별의 것을 찾으며,

3. 힘 있는 카드를 먼저 살피고,

4. 많은 것에서 적은 것으로 나아간다.

타로카드 1장은 78장을 반영하고, 78장 전체는 각각 카드 1장에 녹아 있다.

내가 뽑은 카드의 운에 따라 현상이나 미래의 결과가 정해지는 것이 아니고,

주어진 현상이나 예정된 미래를 뽑은 카드를 통해서 미리 엿보게 되는 것이다.

무의식의 원형을 찾아가는 행위이고, 지혜를 찾는 것이며, 이미지를 언어보다 우선한다.

논리 이전에 영감, 의식 이전에 무의식이 중요하다.

Ace of Cups (컵 에이스)

• 그림 설명

구름에서 나온 손이 컵을 받쳐 들고 있다. 컵에는 물이 솟구치듯 넘쳐 연꽃이 있는 호수로 흐르고, 비둘기가 십자가 모양의 성체를 물고 컵을 향하고 날아간다.

• Image Feeling

컵에서 흘러넘친 물이 대지를 비옥하게 적셔 주는

• 슈트와 수비학적 의미

컵(감정, 본능, 무의식) + 1(시작, 탄생, 완전, 유일)

• Key Word

기쁨, 사랑, 비옥, 풍요, 성취, 용서, 평화, 임신, 출산

`역의미` 불안정한 감정, 불안, 편치 않은 사랑, 식어 버린 사랑, 배신, 짝사랑

운세 판단	애정	재물	사업	취업	승진	이동	매매	시험	소송	건강
	○○	○△	○	○○	○○	○	○	○○	○○	○○

 에이스 카드이므로 원소에 대한 시작, 탄생, 완전함, 유일함 등을 뜻하며 원소의 순수하고 완벽한 상태를 나타낸다. 컵은 물의 원소를 나타내어 감정, 감성, 무의식, 본능(본성), 애정이나 대인 관계 등에 관계하며, 중세 시대에는 성직자 등 종교인과 힐링에 관련된 직종이나 계급을 의미했다.

 완드나 소드와 달리 여성 원소로 분류되어 구름의 손이 컵을 잡고 있지 않고 받쳐 들고 있는 모습인데, 다소는 수동적이며 수용적인 물의 성질을 표현한 것으로 생각할 수 있다. (지팡이와 검을 잡은 모습이나, 받쳐 든 손의 모습은 컵과 펜타클에서 볼 수 있으며, 컵과 펜타클은 여성 원소로 분류된다.)

142 초보자도 쉽게 배우는 타로카드

컵에서 물이 넘쳐 연꽃이 피어 있는 곳에 담기고 있는데, 흘러넘치는 물은 샘솟는 감정을 뜻하며, 에이스이므로 감정이 샘솟기 시작함을 생각할 수 있다. 따라서 컵 에이스는 풍부함, 비옥함, 기쁨, 만족, 행복, 솟아나는 감정, 사랑의 시작, 순수한 감정 등의 키워드를 갖는다. 물은 감정과 대인 관계, 특히 애정과 관계해서는 상당히 긍정적인 의미로 본다.

직업이나 금전 등 어느 면에서나 긍정적이나 감정적인 동기나 에너지가 중요하게 작용하기에, 예로서 직장운을 봤는데 이 카드가 나온다면 질문자는 직장을 돈이나 열정으로 다니기보다는 감정적인 행복과 만족감으로 다니거나, 연애운이라면 이전의 상처로부터 치유되며 정신적으로 새로운 사랑을 시작하거나 행복한 만남을 가지게 됨을 생각할 수 있다.

Two of Cups (컵 2)

• **그림 설명**

각각 월계관과 꽃 화환을 쓴 두 남녀가 서로에게 컵을 건네주고 있다. 컵 사이에는 두 뱀이 교차하는 지팡이와 그 위에 날개를 단 사자 형상이 보인다.

• **Image Feeling**

서로의 마음을 교환하듯 보이는, 다정해 보이는

• **슈트와 수비학적 의미**

컵(감정, 본능, 무의식) + 2(대립, 갈등, 조화, 융합, 이중성)

• **Key Word**

사랑, 우정, 약혼, 결혼, 연합, 동업, 거래가 되는, 계약

[역의미] 만족스럽지 않은 사랑/관계, 엇갈리는 감정, 오해, 불신, 이별, 별거/이혼, 파혼, 절교

운세판단	애정	재물	사업	취업	승진	이동	매매	시험	소송	건강
	○○	△	○	○	○	○	○○	△	○	○○

　서로의 마음(컵)을 나누는 듯한 다정다감한 컵 2 카드는 가장 인기 좋은 카드 중의 하나이다. 특히 연애운이나 대인 관계와 관련된 질문에서는 누구나 반기는 카드이다. 컵을 주고받는 모습은 물 원소의 특성상 서로 융화하는 것이며, 헤르메스의 지팡이의 두 뱀이 교차하는 모습에서도 두 존재의 조화와 통합을 볼 수 있다.

　숫자 2는 대립, 갈등, 조화, 융합의 이중성을 지니고 있으나 이미지에 주는 느낌은 물 원소의 수용성을 반영하듯 조화와 균형에 무게가 실려 있다. 때문에 6번 연인 카드보다 더 강한 긍정적인 의미로 컵 2번 카드를 해석하기도 한다.

　두 남녀 사이의 상징은 그리스 신화의 헤르메스의 지팡이로 카듀세우스(Caduceus) 또는 케리케이온(Kerykeion)라고 불리는데, 교차하는 두 뱀 가운데 지팡이가 있고 그 위에

날개가 있는데 사자 형상은 있는 경우도 있고 없는 경우도 있다. 여기서 두 마리의 뱀은 음과 양을 상징하여 상반된 생각이나 대립되는 존재를 말하는데 서로 교차하며 균형을 이루는 조화로운 통합과 이를 통한 다산과 풍요로움을 나타낸다.

※ 헤르메스의 지팡이를 감고 위를 향해 있는 두 마리의 뱀은 대립되는 양극의 균형을 통해 단일한 이 해를 만들어 내는 것을 의미하여, 공동의 비전을 위해 둘의 시각을 합하고 협동하라는 메시지를 전 하고 있는 것이다.

Three of Cups (컵 3)

• 그림 설명

열매와 과일이 보이는 언덕 위에 흰옷과 붉은 옷과 노란
옷을 입은 세 여인이 축하를 하듯 즐거운 모습으로 컵
을 높이 치켜들고 있다.

• Image Feeling

무언가를 기뻐하고 만끽하며 건배하는

• 슈트와 수비학적 의미

컵(감정, 본능, 무의식) + 3(최초의 완성)

• Key Word

성취, 만족스러운 결과, 문제의 원만한 해결, (타협, 약혼,
결혼, 임신 등을) 축하하는(시기), 음주가무, 사교, 파티

역의미 지나친 쾌락/음주, 사치, 방탕, 삼각관계, 불안정
한 관계

운세 판단	애정	재물	사업	취업	승진	이동	매매	시험	소송	건강
	○	△○	○	○	○	○	○	○	○	○

 이미지의 분위기만 봐도 즐겁고 유쾌하며 여성 3명이 브라보를 외치는 듯하다. 숫자 3
이 최초의 완성이므로 그 완성에 대해 감정적인 기쁨이나 만끽을 할 수 있는 상황을 보
여 준다.

 일반적인 키워드는 성취, 축하하는, 원만한 해결, 타협, 화해하는, 즐거운 모임 등의 뜻
을 갖는데, 대인 관계나 직장의 문제에서는 사람들과 잘 어울리며 즐거운 관계를 갖는
것이며 금전이나 사업 등 현실적 질문에서도 무언가 즐거운 일이나 상황의 메시지를 전
달한다.

여성을 상대로 일을 하는 남성 또는 주변에 여성이 많은 남성들에게 종종 이 카드가 등장하기도 한다. 때로는 이성적인 연애보다는 동성 친구가 좋아 연애를 하거나 애인을 만날 시간이 없는 상황을 보여 주기도 한다.

　부정적인 면으로는 감정적으로 과도할 때를 생각할 수 있는데, 즐거움이나 쾌락을 지나치게 탐닉하거나 사치 등의 경우가 그렇다. 너무 흥청망청하는 것은 늘 경계해야 할 것이라는 말이다. 컵을 든 여인의 옷이 각기 다른 색을 입고 건배를 하는 모습에서도 부딪히는 문제의 원만한 해결과 타협이라는 키워드를 살필 수 있다.

Four of Cups (컵 4)

• 그림 설명

팔짱을 낀 한 인물이 나무 아래 앉아 있다. 그 앞에는 3
개의 컵이 놓여 있고 구름의 손이 컵 하나를 건네지만
그는 시선을 다른 곳(3개의 컵 쪽으로 보인다)으로 돌린 채
어떠한 반응도 없이 그대로 있다.

• Image Feeling

(새롭게) 주어지는 컵(일/제안 등)에 대해 그다지 반기지
않는

• 슈트와 수비학적 의미

컵(감정, 본능, 무의식) + 4(통제, 규율, 안정, 지배)

• Key Word

싫어함(싫증), 권태기, 귀차니즘, 새로운 기회나 사람을
거부하는, 무관심, 무기력, 심사숙고

역의미 새로운 기회를 잡는, 새로운 관계를 갖는, 권태
로움을 벗어나는, 다시 활동하는

운세 판단	애정	재물	사업	취업	승진	이동	매매	시험	소송	건강
	×	△	△	×	×	×	×	×	×	△

　구름의 손이 건네는 컵은 물과 관련되었으므로 감정이나 사람과 관련된 것으로 볼 수
있으므로 어떠한 제안 주어지거나 사람이 다가오는 것으로 보는데, 카드 속 인물은 자기
방어적으로 팔짱을 끼고 그 컵을 쳐다보지도 않고 있다.

　따라서 주어진 제안이나 다가서는 사람에 대해 어떤 반응도 보이지 않는 무시하거나
거부하는 상황으로 귀결된다. 애정운에서 "그 사람을 다시 만나게 될까요?"라는 질문에
답은 'No'라고 할 수 있다. 그 만남의 시도가 질문자든 아니면 상대방이든 또는 우연이
든 그 어떤 경우가 되든, 주어지는 변화나 자극에 대해 공통적으로 이 카드는 부정적인
에너지를 지니고 있기 때문이다.

일반적인 의미는 싫어함, 요지부동, 정체, 정체된 시기, 귀차니즘, 권태, 심사숙고의 뜻이 있다. 통상 부정적 카드로 볼 수 있으나 흔들리지 않는 감정이나 정서로 보면 나름 긍정의 상황도 생각할 수 있다.

그의 시선에 있는 컵 3개는 현재의 상황 또는 현재 만나고 있는 사람도 되지만 과거에 만났던 사람이나 경험을 의미하기도 한다. 현재(혹은 과거)의 눈앞에 것만 보느라 새로운 기회나 행운을 놓치는 수도 있으니, 주위를 차근히 돌아보는 자세도 필요하다.

FIVE of Cups (컵 5)

• 그림 설명

검은 망토를 두른 인물이 앞에 있는 엎질러진 3개의 컵
과 쏟아진 물이 땅으로 스며드는 것을 바라보고 있고,
뒤로는 쓰러지지 않은 2개의 컵이 있다. 강과 다리가 있
고 그 너머 언덕에는 성이 보인다.

• Image Feeling

엎질러진 컵에 실의에 빠진 듯한, 무언가 잘못된 듯한

• 슈트와 수비학적 의미

컵(감정, 본능, 무의식) + 5(진보, 발전, 불확실성, 완벽 주의)

• Key Word

부분적인 상실감·손실·후회, 자포자기 심정, (결혼·연애,
동업 등) 상실감을 갖는 관계나 상황, 기대 이하의, 실망,
슬픔, 좌절

역의미 새로운 기회를 잡는, 새로운 관계를 갖는, 관계
회복, 권태기를 벗어나는, 회복, 복귀, 재회

운세 판단	애정	재물	사업	취업	승진	이동	매매	시험	소송	건강
	×	△×	×	×	×	×	×	×	×	×

　숫자 5의 불확실성과 컵의 감정과 정서를 생각할 때, 컵 5 카드는 감정의 시련을 생각
할 수 있다. 또한 숫자 5의 완벽함의 추구라는 의미를 더하면, 컵 5 카드는 어쩌면 완벽
함을 추구하다 엎질러진 3개의 감정으로 실의에 빠져 망연자실하는 모습과도 같다고 보
면 된다. 그러나 아직 2개의 컵이 온전히 서 있음은 부분적인 손실이나 손해 또는 상심
은 있지만 아직 남은 컵이 있다는 희망적인 메시지를 넣은 것이라 보겠다.

　애정운이나 대인 관계에서는 물론 사업이나 금전 같은 질문에서도 당사자의 감정적 상
처를 살필 수 있다. 물론 역방향을 보거나 주변 카드가 긍정적일 때는 희망적인 메시지
로 해석할 수도 있다. 살다 보면 이런저런 일도 겪고 상처를 받기도 한다.

　흐르는 강물은 지금 처한 상실감의 상황과 감정을 의미하나, 우측에 보이는 다리는 그
런 상처를 넘어 좀 더 나은 곳으로 이어 주는 여전히 기회가 남아 있음을 말한다.

Six of Cups (컵 6)

• 그림 설명

시골 집들이 보이는 곳에 흰 백합 꽃이 담긴 컵들이 보이고, 2명의 어린아이가 있다. 한 아이는 흰 백합 꽃이 든 컵을 다른 아이에게 건네주고 있다.

• Image Feeling

어느 따스한 날 순진, 훈훈, 푸근한 아이들의 모습(컵을 주고받는, 감정을 교감하는)에서 어린 시절이 생각나는

• 슈트와 수비학적 의미

컵(감정, 본능, 무의식) + 6(연합, 결합)

→ 감정의 결합(교감)

• Key Word

어린 시절의 추억, 과거 생각, 향수, 동경, 지나간 사랑/친구, 순수한 감정/연애

역의미 현실성이 부족한, 실패할 수 있는 계획, 과거에서 벗어남, 과거 정리, 새로운 환경 변화

운세 판단	애정	재물	사업	취업	승진	이동	매매	시험	소송	건강
	○	△	△	△	△	△	△	△	△	○

　　이미지를 보면 어린 시절을 생각나게 해서 통상 과거의 기억이나 추억을 떠올리는 회상 또는 과거 카드라고 하는데, 예전에 만났더 사람이나 가본 적이 있는 곳 또는 경험했던 일 등…. 순수했던 어린(과거) 시절의 향수나 그때의 심정을 의미한다. 그러나 과거에 빠져 현실을 못 받아들이거나 집착하는 상황을 생각할 수도 있다.

　　대인 관계나 만남에 있어서는 전체적으로 어둡지 않기에 긍정적인 의미를 지니고, 어떠한 사람이냐는 질문에는 과거에 만났던 사람이거나 추억이 있는 사람 또는 순수함을 지닌 사람으로 보고, 둘의 관계에 대한 질문에도 감정적으로는 긍정적(순수한 연애)이라고 하겠다. 컵 5번 카드가 상대에 대한 미련이라면, 컵 6번 카드에서는 떠올리면 기분이 좋아지는 추억 정도로 구분하면 이해가 된다.

사업이나 물질적인 것에 관련한 질문에서는 질문자의 감정과 관련된 메시지를 주는 카드이므로 직접적인 답을 주기는 애매할 수 있다. 즉, 금전운을 물었는데 금전은 별로 신통치 않더라도 질문자의 감정은 만족스러울 수도 있기 때문이다.

전체적으로 사랑과 감정 면에서는 좋은 카드이지만 현실적인 부분에 있어서는 현재 보다는 과거에 무게을 두는 경향이 있으므로 성공이나 목표를 달성하는 것과는 다소 거리가 있다고 보는 것이 좋겠다.

• 그림 설명

구름 위에 7개의 컵이 있고 각 컵에는 사람 얼굴, 천을 두른 사람, 뱀, 성, 보석, 월계관, 도마뱀이 있으며, 그 앞에는 마치 어떤 컵을 고를지 고민하는 듯한 검은 인물이 있다.

• Image Feeling

뜬구름과 같은 많은 생각, 상상, 환상… 그 무엇도 잡지 못하고 갈팡질팡하는 듯한…

• 슈트와 수비학적 의미

컵(감정, 본능, 무의식) + 7(이중성, 조율, 균형)

→ 서로 다른 감정, 정서에 대한 조율과 균형

• Key Word

환상, 상상, 망상, 헛된 생각, 현실과 거리가 먼, 허상, 우유부단, 행동력이 없는

[역의미] 현실적인 생각, 평정심을 찾는, 결단이 선, 현명한 결정

운세 판단	애정	재물	사업	취업	승진	이동	매매	시험	소송	건강
	××	×	×	×	×	×	×	×	×	△×

　　컵 7은 그냥 보아도 구름 위에 7개의 컵이 마치 뜬구름과 같이 현실적인 느낌이 들지 않는다. 감정과 정서를 다루는 컵이기에 7개의 컵은 마음에서 일어나는 인물이 꿈꾸거나 바라는 것과 두려워하는 것 등 수많은 의미를 담고 있다. 바람·기대·욕망, 걱정·근심 등 다만 현실적이거나 꾸준함을 유지하는 것은 아니라는 점이다. 따라서 백일몽, 공상, 상상, 욕망, 착각 등을 의미하며, 또는 그것들에 집착하고 사로잡혀 실속 없이 우유부단함을 나타내기도 한다.

　　컵 7 카드는 현실을 고려하지 못하고 구체적인 계획과 실천이 없다면 여러 생각이나 상상은 실행할 수 없는 망상이나 공상이 되어 버림을 전하고 있다. (숫자 7의 조율과 균형

그리고 컵의 정신과 감정의 의미에서, 결국 혼란으로 인한 정신적 균형을 잃을 수 있음을 경고한다.)

연애운에서 이 카드는 이성이 많거나 상대를 결정 못 하고 너무 재고 있는 경우를 말하기도 하고, 짝사랑하는 사람에게는 생각에만 머물지 말고 오히려 적극성을 갖고 자신을 표출해야 한다고 조언하는 카드가 된다.

- 매매, 승진, 합격: 과한 욕심을 버려야 한다.
- 금전, 재물: 현실적으로 생각해야 된다.
- 대인 관계: 너무 재거나 고르고 있다.

Eight of Cups (컵 8)

• 그림 설명

8개 컵이 보이며 아래는 5개 컵이, 위에는 3개 컵이 놓여 있다. 그 뒤로 인물이 컵을 등지고 어딘가 떠나고 있다.

• Image Feeling

가치 있는 것, 이루어 놓은 것 등을 남겨 두고 어딘가 쓸 쓸히 떠나는

• 슈트와 수비학적 의미

컵(감정, 본능, 무의식) + 8(영원, 영속, 유지, 욕망/본능 통제, 자제, 인내) ※ 욕망/본능 통제, 인내 ← 8 Strength 카드

• Key Word

환멸을 느끼고 돌아서는, 정리, 은퇴, 귀향, 은둔, 하던 일을 포기 또는 중단하는(그래서 새로운 것을 시작하는), 사랑 또는 미련이 있으나 어쩔 수 없는 상황으로 떠나는

역의미 다시 돌아오는, 끝내지 못하는(정리하지 못하는), 재회, 감정 회복, 미련 없이 떠나는

운세 판단	애정	재물	사업	취업	승진	이동	매매	시험	소송	건강
	××	×	××	××	××	○	△	×	△×	△

컵 8 카드는 숫자 8의 고유의 수비학적 의미보다 8번 Strength 카드의 파생된 의미인 통제, 자제, 인내 등과 관련되어 마음에 두고 있는 감정이나 정서적 가치를 억제하는(포기하는) 것으로 생각할 수 있다.

통상 컵 8은 무언가를 떠나는(포기하는) 카드로 불린다. 아래 5개 컵은 5번 카드로 아쉬움을, 위 3개 컵은 3번 카드로 축배와 즐거움의 의미로 보기도 하는데, 의미 있고 행복하고 즐거운 것, 가치 있고 소중한 것 등 컵이 온전히 세워져 있음은 여전히 그 의미나 가치가 남아 있음을 말한다. 가치가 아직 남아 있음에도 등지고 떠나자니 무언가 알 수 없는 쓸쓸함이 느껴지는 듯하다.

컵 8은 미련이 남아 있는 것, 잊지 못하는 상황을 의미하기도 하지만, 과거에 대한 미련을 버리고 새로운 시작을 위한 마음의 변화 등을 의미하기도 한다.

• **그림 설명**

파란색의 천 위에 컵 9개가 가지런히 놓여 있고, 그 앞에 팔짱을 끼고 만족스럽고 의기양양해 보이는 인물이 미소를 띠고 앉아 있다.

• **Image Feeling**

무언가를 이룬 듯 흐뭇하게 만족해하는(다수는 자랑하는 듯한)

• **슈트와 수비학적 의미**

컵(감정, 본능, 무의식) + 9(이상, 승화, 끝, 완성, 헌신)
→ 감정이 꽉(가득) 차 있음, 만족함과 여유

• **Key Word**

(물질적) 성공, 만족, 풍부, 행복, 주변에서 인정을 받음.

역의미 거만함, 잘난 체함, 포장만 그럴듯한, 물질적인 손실, 실속은 없이 현실을 외면한 외형적인 행복이나 성공

운세 판단	애정	재물	사업	취업	승진	이동	매매	시험	소송	건강
	○○	○	○	○○	○○	○	○	○○	○○	○○

　만족과 행복 그리고 여유의 카드로 불리는데, 감정적인 완성이 의미하듯 컵 9는 만족의 카드로 이미지에서 흐뭇하고 아쉬운 게 없어 보이며 미소 짓는 인물에는 만족한 느낌이 듬뿍 담겨 있다.

　풍부한, 만족스러운, 성공, 행복, 뿌듯하고 여유로운 등의 키워드를 갖는다. 때로는 컵이 감정과 대인 관계를 말하므로 뒤에 9개의 컵이 가득 찬 인물 주변에는 사람들이 많다고 할 수 있다.

　바라던 일이 계획대로 잘 진행되어 행복하다거나, 연애운이라면 편안하고 안정적인 만남으로 지금의 상황이 만족스럽고 행복하거나 또는 그러한 대상과의 인연이 주어진다.

Ten of Cups (컵 10)

• 그림 설명

부부로 보이는 남녀와 아이들이 보인다. 하늘에는 10개의 컵이 무지개 위에 걸쳐 있고, 부부는 환호하며 아이들은 즐겁게 뛰어놀고 있다.

• Image Feeling

행복한 가정의 즐거운 모습

• 슈트와 수비학적 의미

컵(감정, 본능, 무의식) + 10(완성, 시작)

→ 컵 에이스에서 시작된 감정이 시련과 권태, 슬픔, 상실 등을 극복하고 승화한 상태 그리고 더 나은 시작

• Key Word

사랑, 행복, 행복한 결혼·연애·가정, 만족한 삶

역의미 꿈 같은 환상, 너무 이상적임, 가족 간의 불화나 무관심, 슬픔이나 불행

운세 판단	애정	재물	사업	취업	승진	이동	매매	시험	소송	건강
	○○	○	○	○	○	○	○	○	○	○○

컵 10은 컵 슈트의 마지막 핍 카드로 컵 에이스에서 시작된 감정이 시련과 권태, 슬픔, 상실 등을 극복하고 완성된 상태를 나타낸다. 10은 시작과 끝을 모두 포함한 숫자이며, 9와 11 사이의 과도기적 의미로도 볼 수 있다. 따라서 한 사람으로 출발하여 한 가정이라는 보다 발전된 단위로 새롭게 여정을 시작한다고 생각하면 좋다. 따라서 행복한 결말, 즉, 해피 엔딩을 의미하거나 행복한 가정을 이루는 메시지로 해석된다.

원하는 일이 이루어지고 그동안의 노력에 대한 보상을 받는 카드나, 언덕 위의 집처럼 다소 소박한 행복을 생각할 수 있다. 그러나 정신적 행복은 무엇보다 가치가 있는 것이다. 때로는 꿈이나 이상적으로 원하는 행복이라고 볼 수도 있기에 현실에서는 이루기 힘들다는 부정적 의미를 갖기도 한다.

Page of Cups (컵 시종)

• 그림 설명

연꽃 모양의 다소 개성 강한 옷을 입은 젊은이가 손에 든 컵을 보고 있다. 컵에는 물고기 한 마리가 들어 있다.

• Image Feeling

어설프지만 감수성이 강하고 풋풋하며 순수해 보이는

• 슈트와 수비학적 의미

컵(감정, 본능, 무의식) + 페이지(초보의, 서투른, 시작하는, 신중한, 부지런한)

• Key Word

사랑/애정 등의 감정이 생기는, 낭만적이고 예술적 감각이 있는, 감수성 풍부하고 호기심이 강한, 순수한, 임신, 연예인

역의미 책임감이 없는, 유혹에 약한, 비현실적인, 변덕, 감정기복이 있는, 미숙함

운세 판단	애정	재물	사업	취업	승진	이동	매매	시험	소송	건강
	○○	△	△	○	△	○	△	△	△	○

페이지는 풋풋한 사회 초년생이나 인턴, 알바를 의미하여 순수하고 성실한 면을 지니고 있지만, 아직은 능력이나 숙련도가 어설프기도 하다.

컵이 감정과 정서 대인 관계 등과 관계하고 숫자 1로도 보기에, 통상 순수한 감정을 지닌, 예술적 감각이 있는, 연애를 시작하는, 애정 등의 감정이 생기는(시작하는), 호감 등이 생기는 뜻의 키워드를 갖는다. 아직 여리고 어설프고 실수도 있겠지만 순수하고 파릇파릇하다.

컵에 있는 물고기나 페이지를 어린 인물로 보아 자녀나 아이를 의미하기도 한다. 실제로 이혼과 관련하여 컵 페이지가 나온다면 자녀(에 대한 사랑, 애정)로 인하여 이혼을 하기 힘들다고 해석하기도 한다. 때로는 임신의 키워드를 갖기도 한다. (임신의 경우 준비가 안 된 상태일 수도 있으니 주의할 필요가 있다.)

컵의 궁정 카드의 인물들은 다른 카드에 비해 옷이 화려하고 예쁜 편인데 이는 감정과 사랑을 다루고 대인 관계에 관여하는 모습이 반영되어 있다고 볼 수 있다. 옷의 색깔처럼 분위기 있고 로맨틱한 것을 좋아하는 모습이다.

※ 물고기는 영적인 지혜나 정신세계를 의미하거나 새로운 생명체(또는 새로운 아이디어)를 상징하기도 한다. 따라서 마음이 잘 맞는 연애나 첫사랑을 말하기도 하고 임신의 가능성이나 생산적인 아이디어 도출을 의미하기도 한다.

• 그림 설명

날개 달린 투구와 신발을 신은 기사가 백마를 타고 무언가를 전하듯 한 손에 컵을 들고 나아가고 있다. 백마는 한 발 한 발 내딛는 모습이다.

• Image Feeling

매력적인 인물이 신중하고 정중한 태도로 누군가에게 컵을 건네는 듯한

• 슈트와 수비학적 의미

컵(감정, 본능, 무의식) + 나이트(대립과 갈등, 균형과 조화, 이중성) ← 단, 이 카드는 수비학보다는 이미지로 볼 것

• Key Word

프로포즈, 청혼(솔로- 인연이 생김, 연인- 애정이 깊어짐, 친구- 애인 관계가 됨), 제안, 초대

역의미 주춤, 기회을 놓침, 용기 부족, 잘못된 제안, 원치 않는 초대, 제안 또는 선택한 것이 별 볼일 없음

운세 판단	애정	재물	사업	취업	승진	이동	매매	시험	소송	건강
	○○	△	○	○	○△	○○	○	○△	○△	○○

　나이트는 오늘날 인턴이나 신입을 거쳐 대리급이나 실무자 등을 의미한다. 또한 컵은 물의 원소로 감정이나 정서, 대인 관계를 뜻하므로 컵 나이트는 정서나 감정을 실무자 수준으로 다루는 인물이라고 볼 수 있다. 깔끔하고 멋진 모습에 누군가에게 컵을 건넬 듯한 컵 나이트는 프로포즈 카드라는 별명이 있듯이 누군가로부터 연락이 오거나 제안을 받거나 고백을 받을 때 자주 등장한다. 청혼, 도전, 접근, 제안, 정보의 전달 또는 거래의 협의 등의 키워드를 지닌다.

　애정운에서 매우 긍정의 의미로 쓰이는데 '상대방에서 연락이 올까요?' 또는 '연인이 생길까요?' 등의 질문에는 누군가 부드럽고 로맨틱하게 다가올 수 있다는 메시지가 된다.

사업이나 금전에서도 어떤 기회나 제안이 생기는 것을 암시하는데 이때는 제안하는 사람의 의도를 따로 파악하는 것이 중요하다. (그 소식이나 제안이 자신에게 늘 좋은 것은 아닐 수도 있으니.). 또한 코트 카드에서 늘 주의할 부분은 인물이 영향력을 행사하는데 과연 그 인물이 주변의 인물인지 아니면 본인 자신인지를 잘 파악하는 것이다.

• 그림 설명

물결 무늬의 망토와 흰색 옷을 입은 여왕이 옥좌에 앉아 자신이 들고 있는 뚜껑을 덮은 컵을 바라보고 있다. 여왕의 오른쪽 옷은 살짝 바닷물에 젖어 있다.

• Image Feeling

여성스러우며 마음이 따뜻해 보이는

• 슈트와 수비학적 의미

컵(감정, 본능, 무의식) + 퀸(최초의 완성, 결실, 풍요, 풍부)

• Key Word

마음이 따뜻한, 상냥한, 헌신적인, 예지력 있는, 감수성이 풍부한

역의미 감정 기복이 있는, 변덕스런, 민감한, 우울증, 음탕한, 타락한, 의처증/의부증

운세 판단	애정	재물	사업	취업	승진	이동	매매	시험	소송	건강
	○○	○○	○○	○○	○○	○	○	○○	○○	○

컵 퀸은 다른 퀸보다 더 여성스럽고 우아하며 아름다움을 지니고 있다. 통상 상냥한, 사랑스럽고 우아한, 모성애가 강한, 헌신적인, 자애로운, 감성이 풍부한, 예지력이 있는 등의 뜻과 예민한, 우울증이 있는, 불안한 등의 뜻으로도 쓰일 수 있다.

78장 카드 중 가장 화려한 카드 중에 하나로 애정운에서 남성 입장에서는 매력적인 여성이고 대인 관계에서도 긍정적이나, 컵의 뚜껑이 닫혀 있음은 경우에 따라 예민하고 비밀스러운 사람으로 보일 수도 있다. 바닷물에 옷이 살짝 젖어 있음은 무의식이나 감정에 빠져 있음을 말하며, 발밑의 잔잔한 물결은 무언가 불안하고 흔들리는 감정을 표현하고 있다. (컵이 뚜껑으로 닫혀 있음은 '자신의 감정을 드러내지 않는다' 또는 '감정을 보호한다'는 의미와 드러내지 않음으로 비밀스러움을 가지고 있다는 의미도 지닌다.)

대표적 여성성을 상징하는 카드로 가정적 여성에 가까운 카드이다.

King of Cups (컵 왕)

• 그림 설명

사방이 출렁이는 물결 주변으로 옥좌 위에 컵과 홀을 들고 있는 왕이 보인다.

• Image Feeling

감정이나 정서가 풍부하며 관대해 보이는

• 슈트와 수비학적 의미

컵(감정, 본능, 무의식) + 킹(통제, 지배력, 안정)

• Key Word

매력 있고 친절하며 관대한, 로맨틱하고 매력적인, 예술적이고 교양 있는, 창의적인, 예술가, 종교인, 전문가

`역의미` 지나치게 감상적이고 상상적이며 공상적인, 바람둥이(카사노바)

운세 판단	애정	재물	사업	취업	승진	이동	매매	시험	소송	건강
	○	○○	○○	○○	○○	○	○	○○	○○	○

　궁정 카드의 가장 높은 계급인 킹은 컵 원소를 가장 능숙하게 다루므로 감정이나 정서 또는 대인 관계의 지배자라고 할 수 있다. 따라서 감정이나 정서가 풍부하고, 사교성도 좋아서 남들에게 부드럽고 온화하며 베푸는 걸 좋아하고, 음주가무 또한 즐겨 한다.

　일반적으로 친절하고 로맨틱한, 종교적인 사람, 동정심 많고 마음이 넓은, 예술적이고 교양 있는, 관대하고 베풀 줄 아는, 정서나 감성이 섬세한 등의 의미를 갖는다.

　누구에게나 배려와 이해심이 많고 사교적이어서 자칫 오해를 불러일으킬 수도 있으며, 퀸 컵과 마찬가지로 파도치는 물결은 불안한 모습이나 격정적인 감정의 에너지를 말하므로 늘 감정을 잘 조절할 필요가 있다.

　킹이라는 계급이기에 여러 질문에 긍정적인 의미를 주지만, 특히 감정과 정서와 관련된 질문에서는 더욱 긍정적 가능성이 크다.

Ace of Swords (검 에이스)

• **그림 설명**

구름에서 나온 손이 검을 곧게 하늘 위로 향하여 잡고 있다. 검의 끝에는 왕관이 있고 그 양옆에는 올리브 열매와 월계수 잎이 걸려 있다.

• **Image Feeling**

차갑고 냉정하면서도 단호하게 보이는

• **슈트와 수비학적 의미**

검(이성, 생각, 관념) + 1(시작, 탄생, 유일)

• **Key Word**

결심/결단(의 시작), 의지, 노력, 승리/성공, 외로움/홀로서기, 아이디어

역의미 의지 없음, 나약함, 낭패, (자기 통제를 못 하여) 손실, 자멸, 지성이나 이성적 사고가 발휘되지 않는, 너무 이성적이어서 감정이 메마른

운세 판단	애정	재물	사업	취업	승진	이동	매매	시험	소송	건강
	△	○	○	○○	○○	○	○	○○	○○	△

소드(검)은 공기 원소를 나타내어 관념이나 생각, 이성 등을 의미한다. 다소 냉정하고 스마트하고 샤프한 사람들이 많이 가지고 있는 에너지에 해당된다.

따라서 소드 에이스는 가장 순수한 이성이나 지성, 또는 이성이나 결심의 시작이라고 할 수 있다. 성향으로는 주장이 강하거나 맺고 끊는 것이 확실하며 논리적이고 투쟁적이도 하며, (검은 뽑았으면 무언가를 잘라야 하듯) 어떤 각오나 결단이 강하며 확실하다고 볼수 있다. 부정적으로는 너무 이성적이어서 메마른 감정을 보일 수 있으며 지성이나 이성적 사고가 제대로 발휘되지 않는 것을 말하기도 한다.

이 카드가 나왔다는 것은 결심을 해야 하고 따라서 선택의 기로에 있을 때가 많으므로 이런 경우 자존심이나 명예에 상처가 나는 상황이기도 하기에 지나침이 없는 현실적인 선택을 현안으로 가지는 지혜도 필요하다.

Two of Swords (검 2)

• 그림 설명

초승달이 뜬 밤에 흰옷을 입은 인물이 두 눈을 가리고
두 팔을 엇갈려 2개의 검을 들고 앉아 있다. 그 뒤로는
잔잔해 보이는 바다가 있다.

• Image Feeling

고요 속에서 두 검(생각, 관념)의 균형을 잡고 있으나 (두
눈을 가려서 오히려) 예민하게(날카롭게) 보이는

• 슈트와 수비학적 의미

검(이성, 생각, 관념) + 2(대립과 갈등, 균형과 조화, 이중성)

• Key Word

생각의 균형/타협, 생각의 대립/갈등, 내적 갈등의

역의미 선택을 하지 못하는, 두 가지 생각으로 번민하
는, 우유부단한, 섣부른 결정, 잘못된 판단

운세 판단	애정	재물	사업	취업	승진	이동	매매	시험	소송	건강
	△×	×	△×	△×	×	×	×	×	×	△×

숫자 2가 대립과 갈등, 균형과 조화, 이중성을 나타내며 소드가 이성이나 지성 생각
등을 말하므로, 소드 에이스에서 출발한 순수한 하나의 생각에 또 다른 생각이 더해진
상태와 그로 인한 대립과 갈등의 상황을 생각할 수 있다. 또한 하늘 위의 초승달도 숫자
2의 이중성을 연상케 한다.

뒷배경인 바다는 무의식이나 감정을, 바위는 장애물을 나타내는데 물결이 잔잔해 보
이므로 인물이 두 팔을 교차해 가만히 앉아 있음과 같이 무의식이나 감정도 잔잔한 상
태로 조화롭고 안정되어 있음으로 보여 주고, 눈을 가리고 있음은 가시적으로 보이는 것
에 무게를 두지 않고 내적으로 옳은 판단을 내리기 위함을 보여 준다.

그러나 잔잔하고 안정된 만큼 칼 두 개를 들고 있는 분위기는 상당히 예민하고 날카롭게 느껴진다. 일반적으로 생각이 균형을 잡은 상태라고 볼 수 있으나 균형은 서로 대립되고 있음도 내포하며 그로 인해 선택을 하지 못하거나 우유부단한 상태나 예민해져 있는 상태를 말하기도 한다.

무언가 균형을 지키기 위해서는 고통을 겪어야 하는 것이지만, 계속해서 시간을 지체하면 그 고통은 가중되는 것인 만큼 스스로 힘들게 하기보다는 이제는 선택을 해야 할 수도 있다. (물론 거기에 따른 아픔과 고통은 수반되겠지만…)

Three of Swords (검 3)

• 그림 설명

하늘에는 구름이 가득하고 비가 오늘 날, 하트 모양의
형상에 3개의 검이 꽂혀 있다.

• Image Feeling

(보는 것만으로도) 가슴이 아파 오고 고통스러운

• 슈트와 수비학적 의미

검(이성, 생각, 관념) + 3(최초의 완성, 미완성)

• Key Word

아픔/슬픔/고통, 이별/이혼/별거, 손실/손해, 짝사랑의
아픔, 삼각관계에서 오는 고통

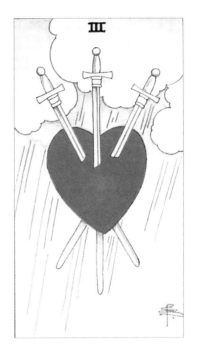

역의미 생각의 불일치 등으로 혼란한, 불화/혼란/불안
의 완화 (역의미 또한 전체적으로 긍정적이 않음)

운세 판단	애정	재물	사업	취업	승진	이동	매매	시험	소송	건강
	××	××	××	××	××	××	××	××	××	××

　　소드 3번은 누가 보더라도 그 에너지를 짐작하기 쉬운 카드이다. 심장으로 보이는 하트에 검이 3개나 박혀 있으니 가히 좋은 일은 아닌 듯하다. 이 카드는 같은 고통이나 유사한 고통을 여러 번 겪을때 자주 등장하기도 한다. 또한 이미지에 인물도 없고 동물, 식물도 없음은 어떠한 의지도 막을수 없는 필연적인 상황을 의미한다고 볼 수 있다.

　　그러나 검이 관통했음에도 아직 붉은색을 보이는 것은 생명이 끊어지지 않았다는 것을 의미하며 오히려 그런 상처와 아픔을 극복하면서 더 성숙할 수 있음을 보여 준다. 실전 상담에서 그리 반갑지 않은 카드이지만 고통과 상처, 시련 등이 없다면, 성숙함을 이루었을 때의 느낌 또한 크지 않을 것임을 잊지 말아야겠다.

　　실망과 후회가 가득하겠지만, 긍정의 생각으로 바꾸는 것이 또한 인생임을 어떡하랴!

• **그림 설명**

성당으로 보이는 건물 안에 금색의 한 인물이 침대 위에 기도를 하는 듯 두 손을 모으고 반듯이 누워 있다. 그 위로는 3개의 회색 검이 보이고, 침대 아래에는 금색의 검 하나가 누워 있듯 보인다.

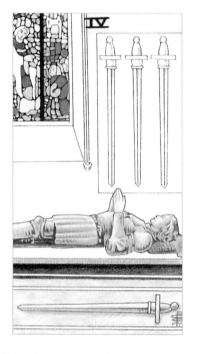

• **Image Feeling**

(뭔가 에워싼 주변과 떨어져서) 편안하게 누워 쉬는 듯한

• **슈트와 수비학적 의미**

검(이성, 생각, 관념) + 4(기반, 안정, 질서, 통제)

→ 생각의 안정이나 질서

• **Key Word**

수면 중인, 쉬고 있는, 휴식 중인, 회복 중인, 상처를 치유하고 있는, 휴식, 건강 회복 시기, 은퇴, 격리, 고립, 단절

역의미 (재기를 위한) 에너지 충전, 새로운 시작이나 활동

운세 판단	애정	재물	사업	취업	승진	이동	매매	시험	소송	건강
	××	××	××	××	××	××	××	××	××	××

　누워 있는 인물의 모습은 마치 조각상이나 죽은 사람을 보는 듯하다. 또한 누워 있는 곳도 무덤이나 제단처럼 보인다. 조각상이든 주검이든 살아 있는 인물이든 소드 4번의 느낌은 편안하게 누워 쉬는 듯하다. 때문에 일반적인 키워드는 쉬고 있는, 회복 중인, 수면, (사랑의 실패 또는 아픔 등으로) 격리되고 단절된, 회피하는 등의 의미를 갖는다.

　숫자 4와 연관하여 생각이나 관념의 안정과 통제를 생각할 수 있는데, 생각이 안정되는 것이 편안하게 수면 또는 쉬고 있을 때라고 의도를 한 것으로 볼 수 있다.

　이미지에서도 위의 검 3개는 검 3의 심장을 찌른 3개의 검으로 보기도 하는데, 상처받은 일에 대해 생각을 멈추고, 아래의 금색 검처럼 이제는 나를 위해 검(생각)을 내려놓아야 함을 의미한다.

당장 움직이거나 무언가를 할 수 있지 않아 보이고 회복이나 휴식이라는 의미를 갖기에 무언가를 하려는 질문에는 부정적 의미를 전한다.

　건강과 관련해서는 가끔 수술 후나 질병의 회복기를 나타내기도 하며, 과도한 일이나 업무와 관련해서 이 카드가 나오면 일단 쉬는 게 필요하다고 조언할 수 있다.

　연애운에서도 상대방으로 인한 상처나 실망감 등으로 지쳐 있는 상태일 수도 있고, 따라서 서로 잠시 쉬는 휴식기의 시간이 필요해 보인다.

Five of Swords (검 5)

• 그림 설명

구름 낀 하늘에 비열한 느낌의 표정을 한 인물이 5개의
검을 혼자 독차지한 듯 가지고 있고, 그 뒤로는 검을 빼
앗긴 듯한 두 인물이 뒤돌아서 있다.

• Image Feeling

(등진 인물 입장에서) 패배하여 침울해하는 (칼을 든 인물)
비열하게 승리를 쟁취한

• 슈트와 수비학적 의미

검(이성, 생각, 관념) + 5(진보, 발전, 불확실성, 시련)
→ 생각의 불확실성과 그에 따른 시련

• Key Word

(등진 사람 입장) 패배, 실패, 손실, 배신, 이길수 없는, 술
수에 걸린(사기 당한)

(칼을 쥔 입장) 무의미한 승리, 상처뿐인 승리, 전투에선
이겼지만 전쟁에서 실패한, 사기를 친

(양측 입장) 불화/다툼/오해/파탄

운세 판단	애정	재물	사업	취업	승진	이동	매매	시험	소송	건강
	××	××	××	××	××	××	××	××	××	××

　숫자 5는 변화와 진보를 향한 불확실성과 그로 인한 시련과 갈등을 표현한다. 그래서
각 원소의 5번 카드들은 해당 원소와 관련된 시련을 다소간 내포하고 있다. 소드 5번의
일반적 의미는 패배다. 검을 모두 가진 비열하게 웃는 사람이 승리한 듯 보이며, 돌아서
있는 사람들이 패배한 듯 보인다. 잿빛 구름과 왠지 삭막해 보이는 날씨는 더욱 그런 추
측을 강하게 한다. 손실, 좌천, 패배, 배신, 이길 수 없는, 술수에 걸린 등의 키워드도 생
각할 수 있다.

　만일 주인공을 검을 든 인물로 본다면, 패배와도 같은 승리가 된다. 다른 사람들을
이기려고 비열한 수를 쓰거나 배신을 했다든가, 어떻게든 이기려는 생각만을 하여 얻은

승리지만, 돌아선 사람들은 다신 그를 찾지 않을 것이다. 결국 이겼다 해도 얻은 것이 없는 것이다.

어떠한 관점에서도 전체적인 분위기는 시련이고, 어떤 질문에도 긍정적인 답을 구하기가 어렵다. 물리적인 패배나 승리가 아닌 경우라고 해도, 소드라는 특성을 생각할 때 질문자의 생각이나 기분은 소드 5번과 같다고 생각할 수 있다.

질문자의 상황은 검을 빼앗은 사람일 수도 있고, 검을 빼앗은 사람일 수도 있다. 그 어떤 경우라도 불편한 상황이니만큼, 돌이켜 자신과 주변을 살펴보고, 양보하고 배려하는 자세가 필요하다.

Six of Swords (검 6)

• 그림 설명

한 인물이 다소 기력이 없어 보이는 여성과 아이를 태우고 노를 젓고 있다. 배 위에는 6개의 검이 있고, 배의 앞은 큰 물결이 일고 있으나 나아가는 저 멀리 물결은 잔잔하다.

• Image Feeling

물결 이는 곳을 벗어나 함께 잔잔한 곳을 향해 나아가는

• 슈트와 수비학적 의미

검(이성, 생각, 관념) + 6(연합, 결합)
→ 현재의 힘든 시기를 협력해 극복해 나가는

• Key Word

어렵고 힘든 이동, 여정을 견디고 감내해 나가는 협력으로 장애를 극복하는, 서서히 나아가는(좋아지는) (모든 종류의 이동이나 이사, 유학, 여행을 보여 주는 카드로도 많이 등장한다)

운세 판단	애정	재물	사업	취업	승진	이동	매매	시험	소송	건강
	△×	△×	△×	△	×	×	×	×	△	×

검 6번은 한 가족으로 보이는 사람들이 배를 타고 이동하는 모습으로, 고개를 숙인 듯 기력 없어 보이는 여성과 아이의 모습이나, 배 가까운 곳의 물결이 크고 일고 있으며 배 위의 꽂혀 있는 검 또한 현재의 상처나 갈등의 어려운 상황을 전하고 있다.

그러나 저 멀리의 물결이 잔잔해 보이고 배가 그 곳으로 나아가고 있음은 긍정의 상황으로 가고 있음을 말해 주며 다만 그곳까지 가는 데는 시간과 노력이 필요할 것이다.

숫자 6은 협동과 연합, 결합의 수로서 배 위의 인물들이 함께 힘든 시기와 고난을 이겨 내는 상황으로 볼 수 있다. 또한 공기와 관련된 소드라는 원소의 특성을 생각할 때, 냉정하고 이성적으로 어려움을 극복해야 할 것이다.

통상 어렵고 힘든 이동이나 고된 여정, 고통을 견디고 감내하는, 협력으로 장애를 극복하는, 천천히 나아가는(나아지는) 등의 뜻을 지니며, 단시간의 기대에 부응하는 질문이나 결과에는 부정적이나 현재의 나쁜 상황이 더 나은 방향으로 이동하고 있다는 메시지로 봐야 한다.

Seven of Swords (검 7)

• 그림 설명
적진으로 보이는 곳에 한 인물이 검 5개의 칼날 부분을 쥐고 고양이 발로 살금살금 가고 있다. 그 뒤에는 검 2개가 땅에 꽂혀 있고 인물은 다소 간사한 표정을 하고 있다.

• Image Feeling
직접적인 싸움을 피하고 몰래 무언가를 행하는

• 슈트와 수비학적 의미
검(이성, 생각, 관념) + 7(신의 수, 조화와 균형, 이중성)

→ (전쟁에서 승리하기 위해) 생각, 즉, 전략으로

• Key Word
남몰래 행동하는, 꿍꿍이가 있는, 회피하고 돌아가는, 요령을 피우는

역의미 완벽한지 못하여 실패 가능성이 있는, 불안한 시도나 상황, 무모한, 비열/교활한, 스파이(내부의 적)

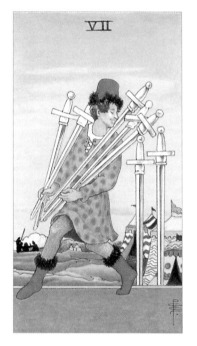

운세 판단	애정	재물	사업	취업	승진	이동	매매	시험	소송	건강
	△×	△×	△×	△×	△×	×	×	×	△×	×

　적진으로 보이는 막사에서 까치발을 하고 검 다섯 자루를 몰래 훔쳐 나온 인물은 웃고는 있지만, 미처 남겨 둔 2자루의 칼이나 맨손으로 칼날을 쥐고 있는 모습은 위험이 도사리고 있음을 보여 준다. 그래서 불안하거나 불안정한 시도나 계획과 그러한 상황을 의미하기도 한다. 일반적으로 남몰래 행동하는(비겁한), 꿍꿍이가 있는, 회피하고 돌아가는, 요령을 피우는, 완벽하지 못한, 실패할 가능성이 있는, 무모한 등의 뜻을 갖는다.

　이 카드는 술수를 쓰는 데 있어서 불안한 상황을 보여 주기에 어떤 일이든 신중하고 겸손해야 한다는 것을 강조하고 있다. 또한 카드의 그림은 간교함이나 비겁함을 보여 주고 있다.

검을 든 인물 입장에서는 몰래 계획하거나 행하며 요령을 피우고 자신이 유리한 쪽으로 직접적인 싸움을 회피한 채 상황을 끌고 가서 금전이나 사업에서는 100% 오픈하지 않고 무언가를 진행하거나 애정운에서도 상대방에게 말하지 않는 무언가가 있다고 볼 수 있다. 반대로 검을 도둑맞은 입장에서는 손실(損失)수나 자기 몰래 무언가가 진행되는 상황을 생각할 수 있다.

배신을 당하거나 예를 들어 꽃뱀에게 물려 어려운 상황이나 손실을 입는다든지 또는 이런저런 일로 구설수에 오를 수 있으니 일의 진행에 좀 더 세심함이 필요한 카드다.

Eight of Swords (검 8)

• 그림 설명
흐려 보이는 날에 울퉁불퉁하고 물도 고여 있는 땅에 한 인물을 포위하듯 8개의 검이 꽂혀 있고, 그 인물의 눈은 천으로 가려져 있으며 몸도 묶여 있다.

• Image Feeling
구속되고 속박되어 이러지도 저러지도 못하는

• 슈트와 수비학적 의미
검(이성, 생각, 관념) + 8(영원, 영속, 무한, 유지, 지속)
→ 생각에 생각이 지속되거나 꼬리를 무는

• Key Word
생각이 많은, 생각의 포로가 된, 주변에 고려해야 할 것이 많은, 신경 써야 할 일이 많은, 움직일 수 없는, 무기력한, 의지와 끈기나 인내가 부족한

운세 판단	애정	재물	사업	취업	승진	이동	매매	시험	소송	건강
	××	××	××	××	××	××	××	××	××	××

검 8번의 숫자 8은 영원과 영속, 유지, 무한함을 의미한다. 공기 원소와 관련되었으므로 관념이나 생각이 유지되고 지속되는 상태를 말하는데, 이는 생각에 생각이 꼬리를 물고 있는 상태, 즉, 생각이라는 감옥에 빠져 버린 상황이라고 정리할 수 있다. 따라서 땅에 꽂혀 있는 많은 검들은 주변에 널려 있는 처리해야 하는 생각들-숙제나 고민거리-이라고 볼 수 있다. 무수히 산재한 이런저런 생각들로 이러지도 저러지도 못하고 꼼짝없이 갇혀서 "난 할 수 없어! 내가 뭘 어떻게 해!" 하는 부정적인 생각으로 가득 찬 모습….

통상 생각이 많은, 생각의 포로가 된, 주변에 고려해야 할 것이 많은, 신경 써야 할 일이 많은, 움직일 수 없는, 무기력한, 의지와 끈기나 인내가 부족한 등의 의미를 갖는다.

이렇듯 검 8번은 구속되고 정체된 상황을 의미하여, 일이든 애정, 금전이든 주변의 생각이나 고민 또는 두려움 때문에 긍정적인 흐름이나 좋은 결과를 가져오기 힘들다. 사업에도 이런저런 생각에 추진력이 없고, 애정에서도 설령 고백을 받았음에도 뭔가 두려워서 받아들이지 못한다. 그러나 인물을 둘러싼 검도 앞에는 비워져 있으며, 눈을 가린 천이나 몸을 속박한 천 또한 다소 느슨해 보이듯, 인물이 용기만 낸다면 얼마든지 불필요한 속박이나 곤란에서 벗어날 수 있음도 암시한다.

Nine of Swords (검 9)

• 그림 설명

침대 위의 한 인물이 괴로운 듯 두 손으로 얼굴을 감싸며 앉아 있다. 검보라 바탕의 벽면에는 검 9개가 놓여 있다.

• Image Feeling

여러 생각에 잠 못 이루고 고심을 하는

• 슈트와 수비학적 의미

검(이성, 생각, 관념) + 9(이상과 끝, 완성, 승화)

→ 생각을 완성·승화하기 위해 싸우는(고뇌하는)

• Key Word

불면증, 근심, 두려움, 죄책감/부끄러움, 실망, 절망, 상처, 후회, 의혹/의심

역의미 쓸데없는 생각, 잡념, 과거 정리, 마음의 정리, 고민의 내려놓음

운세 판단	애정	재물	사업	취업	승진	이동	매매	시험	소송	건강
	△×	△×	△×	△×	△×	×	×	×	△×	×

　검 9번의 전체적인 색감은 타로카드 78장 중 가장 꺼려질 정도로 어둡고 무겁다. 깊은 밤 잠 못 이루고 침대에서 고뇌하는 모습은 어떤 상황인지를 충분히 짐작할 수 있다. 숫자 9는 이상과 끝, 완성과 승화, 휴머니즘, 헌신을 상징한다. 이미지는 고민과 두려움, 불안 등으로 고통받는 모습이나 그 이면에는 생각과 관념을 완성하고 승화시키기 위해 싸우고 있다고 볼 수 있다.

　불, 흙, 물과 달리 공기(검)는 생각과 이성을 의미하므로 검(생각)이 많아질수록 더 많은 갈등을 야기한다고도 생각할 수 있다.

　일반적으로 불면증, 근심, 실망, 두려움, 죄책감, 부끄러움, 의혹, 의심 등의 뜻을 갖는다. 모두 부정적이지만 살면서 무언가를 완성하기 위해서는 거쳐야 할 것이기도 하다.

• 그림 설명

한 인물이 등에 10개의 칼이 꽂힌 채 엎어져 있다. 그는 죽은 듯 보이며 저 멀리에는 잔잔한 호수 너머 어둔 밤의 하늘 아래 여명의 새벽 빛이 밝아 오고 있다.

• Image Feeling

최후를 맞이하여 모든 것을 종료한(지금껏 주어진 수많은 고통까지도 종료한)

• 슈트와 수비학적 의미

검(이성, 생각, 관념) + 10(끝과 시작)

→ 생각의 끝과 시작(생각-고통의 종료와 새로운 의미의 재발견)

• Key Word

죽음, 종료, 종말, 파멸, 포기, 고통, 몰락, 황폐, 불행, 헤어짐, 이별, (직장) 사직, 밑바닥

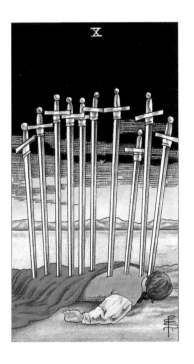

운세 판단	애정	재물	사업	취업	승진	이동	매매	시험	소송	건강
	××	××	××	×○	××	○	××	××	××	××

　숫자 10은 끝이라는 의미와 새로운 시작이라는 중의적인 뜻을 갖고 있다. 따라서 메이저 카드 10번 운명의 수레바퀴처럼 순환과 윤회를 나타내기도 하고 변화라는 의미도 생각할 수 있다. 앞서 완드나 펜타클 카드의 10번 카드처럼 끝과 시작, 순환이라는 의미를 지니나 공기 원소에 무게를 두면 된다.

　소드 10번은 데스 카드와 의미가 유사하여 통상 죽음, 종료, 파멸, 종말, 포기, 고통, 몰락, 황폐, 불행 등을 의미한다. 카드의 이미지를 보면 어두운 밤은 암흑과도 같은 고통을 뜻하고 그 뒤로 밝아 오는 빛은 그 고통이 끝나고 있음을 말한다. 엎드린 채 검이 꽂혀 죽은 모습에서는 부활이나 재생의 의미를 찾기 어려운 상태, 즉 끝과 종말을 암시하

고 있고, 잔잔한 물결은 전체적으로 고요한 느낌을 주며, 소드 9번과는 달리 모든 고통의 끝에 이르러 더 이상의 고통은 없음을 의미한다.

실전에서도 무언가에 대한 포기나 종료를 뜻하여, 검 카드이기에 그것을 포기하고 종료하기까지 고통과 힘든 시간을 겪어야 하겠지만 그 모든 것을 지나 종료하고 고요함과 평온한 상태를 맞이하는 것을 보여 준다.

지금까지 안 되는 일을 가지고 내 자신 너무 고생했다. 끝까지 버텨 보고 견뎌 내려고 했지만 어쩔 도리가 없는 일이 있기 마련이다. 이제는 아쉬움도 미련도 떨치고, 과감히 받아들이고 포기하며 인정하는 단호한 용기가 필요한 시기다. 비로서 고요한 여명이 내게로 올 것이다.

- **그림 설명**

바람 부는 날 평지가 아닌 굴곡진 땅 위에 젊은이가 무언가를 응시하며 두 손으로 검을 쥔 채 서 있다.

- **Image Feeling**

무언가 경계하듯 민첩한, 신중한 모습

- **슈트와 수비학적 의미**

검(이성, 생각, 관념) + 페이지(초보의, 서투른, 신중한, 부지런한, 시작하는)

- **Key Word**

호기심이 있는, 신중한, 날카로운, 경계심이 많은, 두루두루 살피는, 냉정하게 보는, 민첩한, 새로운 기술이나 생각

역의미 지적이지만 어설픈, 지나치게 예민한, 의지가 약한, 너무 서두르는 (준비 부족)

운세 판단	애정	재물	사업	취업	승진	이동	매매	시험	소송	건강
	△	△	△	○	△	○	△	△	△	△

계급이 페이지이므로 초보자, 아르바이트생, 사회 초년생, 인턴이나 신입 사원에 해당하여 검을 다루는 능력이 다소는 어설프다고 보면 된다. 그러나 순수하면서도 성실한 면을 갖고 있고 다른 계급보다 능력이 부족하기에 오히려 신중하면서도 예민한 모습을 생각할 수도 있다.

검이 공기 원소를 나타내어 생각이나 관념, 지성 등을 의미하므로 지적 호기심이나 예리하고 날카로운 논리와 민첩함은 물론 냉정하거나 비판적인 면도 지니고 있다.

따라서 일반적인 키워드는 신중한, 날카로운, 경계심이 많은, 민첩한, 두루두루 살피는 뜻을 지닌 반면에 지적이지만 어설픈, 지나치게 예민한, 의지가 약한, 너무 서두르는 등의 의미도 갖는다.

때문에 실전에서는 사업이나 금전, 연애운 등 질문에서 신중하고 조심스러워하는 뜻 이외에 질문자나 관심 인물의 생각이나 의지가 확고하지 않아 갈팡질팡하며 고민만 하다 가 오해도 살 수 있고 기회도 놓칠 수 있음을 생각할 수 있다.

경우에 따라 소드 시종은 지성의 시작이므로 새로운 기술이나 아이디어가 있는 사람 을 의미하기도 한다.

• **그림 설명**

바람 부는 언덕에 백마를 타고 오른손에 검을 들고 무언가를 향해 돌진하듯 거침없이 빠르게 달리는 기사가 보인다. 그는 투구의 마스크도 내리지 않았고, 검을 쥔 오른손은 장갑을 끼지 않았다.

• **Image Feeling**

거침없이 힘차게 돌진하는

• **슈트와 수비학적 의미**

검(이성, 생각, 관념) + 나이트(대립과 갈등, 균형과 조화, 이중성)

← 단, 이 카드는 수비학보다는 이미지로 볼 것

• **Key Word**

서슴없이 목표를 향해 나아가는, 패기 넘치는,
매우 빠르고 민첩한, 용감무쌍한, 리더십이 있는,
분석적이고 치밀한

[역의미] 경솔하고 무모한(돈키호테), 섣부른, 사소한 실수를 하는, 무능력한, 충동적인(탈선을 하는), 단순한

운세 판단	애정	재물	사업	취업	승진	이동	매매	시험	소송	건강
	△	△	△	△	△	○	△	△	△	△

　사회 초년생을 거쳐 실질적인 업무나 일을 힘차게 수행하는 인물로 직장에서는 실무자나 대리급 또는 관리자를 보좌하는 경력자 정도에 해당한다. 그러나 여왕이나 왕 정도의 능력은 안 되기에 성공과 실패 어느 결과를 이끌지는 미지수이다.

　소드 나이트의 이미지는 공기 원소의 많이 반영하고 있다. 바람이 부는 벌판과 흔들리는 나무, 빠르게 흘러가는 듯한 구름과 휘날리는 말갈기와 기사의 망토 등…. 공기 원소의 빠르고 변화무쌍하며 민첩하고 예리한 느낌을 잘 담고 있다.

　이미지에서 일반적인 키워드는 서슴없이 목표를 향해 나아가는, 패기 넘치며 매우 빠르고 민첩한, 용감무쌍한, 리더십 있는, 분석적이고 치밀한 등의 뜻이 있고 반대로는 돈키호테처럼 경솔하고 무모한, 사소한 실수를 하는, 충동적이고 단순한, 무능력한 등의 의미도 갖는다.

Queen of Swords (검 여왕)

• **그림 설명**

아기 천사와 나비 문양이 새겨진 옥좌에 구름 모양의 망토를 두른 여왕이 옆으로 돌아 앉아 있다. 그녀의 오른손은 검을 곧게 세워 들었고, 다른 손은 앞을 향하여 내밀고 있다. 저 멀리에는 새 한마리가 날고 있다.

• **Image Feeling**

결단력 있고 냉정하며 예리하게 보이는

• **슈트와 수비학적 의미**

펜검(이성, 생각, 관념) + 퀸(최초의 완성, 결실, 풍요, 풍부)

• **Key Word**

명석한, 결단력 있는, 냉정하고 의지가 강한, 분석적이고 논리적인, 예리한,

역의미 고독한, 우울한, 고집이 센, 심기가 예민하고 날카로운, 독신, 노처녀, 과부, 별거, 이별, 남성적인 여성, 남성을 잡고 사는 여성

운세 판단	애정	재물	사업	취업	승진	이동	매매	시험	소송	건강
	△×	○	○	○○	○○	△	○	○○	○○	△

인생으로 보면 중장년기, 사회에서는 전문가나 관리직, 임원, 부회장이나 교감 등 대표 바로 아래 직급에 해당하여 원소 다루는 능력이 왕과 비슷한 정도로 우수하다. (새나 나비는 공기 요소를 상징하는 것으로 옥좌와 왕관에 나비가 있음은 해당 원소의 최고의 능력을 갖고 있기에 완전한 통찰력을 의미한다.)

소드 퀸 역시 공기를 원소로 하므로 카드에는 하늘 위의 새나 옥좌의 나비 문양과 나비 모양의 왕관, 풍성히 보이는 구름 등 공기 원소를 상징하는 것이 많이 보이는데, 모두 이성적이며 논리적이고 냉정하며 예리한 소드 퀸의 성향을 대변하고 있다.

앞으로 내민 왼손은 기회와 베풂을 의미하면서도 어느 쪽으로도 기울지 않고 똑바로 선 검 역시 한 치의 오차도 그냥 넘기지 않겠다는 냉정과 예리함을 보여 주고 있다.

통상 명석한, 결단력 있는, 냉정하고 의지가 강한, 분석적이고 논리적인, 예리한 뜻과 고독한, 우울한, 고집이 센, 심기가 예민하고 날카로운, 독신, 노처녀, 과부, 남성적인 여성, 남성을 잡고 사는 여성 등의 의미를 지닌다. (코트 카드의 보여진 인물로 항상 남녀를 구분하는 것은 아님에 유의, 중요한 것은 인물이 갖는 특성과 성향을 우선적으로 살펴야 한다는 것이다.)

하늘을 날고 있는 외로운 새는 공기의 요소이기도 하지만 여왕의 처지를 대변하기도 하여 실전 상담에서는 결혼을 놓친 커리어 우먼이나 이혼녀 과부(홀아비)와 관련되어 자주 나오는 카드다.

King of Swords (검 왕)

• 그림 설명

나비 문양이 새겨진 옥좌에 오른손으로 비스듬히 검을 들고 있는 왕이 앉아 있다. 왕은 언제든 그 검을 사용할 수 있는 듯한 자신감과 확고함으로 전면을 응시하고 있다.

• Image Feeling

냉철히 판단하여 단호하고 엄격하게 결단을 내리는

• 슈트와 수비학적 의미

검(이성, 생각, 관념) + 킹(통제, 지배력, 안정)

• Key Word

리더십 있는, 단호하고 확고한, 치밀하고 분석적인, 의지와 자존심이 강한, 권위적이고 투쟁적인, 아이디어가 풍부한

역의미 잔인하고 냉정한, 독선과 그에 따른 갈등/다툼이나 별거/이혼, 고집불통, 독불장군, 홀아비

운세 판단	애정	재물	사업	취업	승진	이동	매매	시험	소송	건강
	△	○	○	○○	○○	△	○	○○	○○	△

　　소드 킹은 카드는 16장의 코트 카드 중 유일하게 정면을 향해 앉아 있고 시선 또한 정확히 앞을 향하고 있다. 이는 어떤 일이나 상황을 정확하고 객관적인 입장에서 보고 있음을 의미한다. 입고 있는 푸르스름한 옷 또한 공기 원소의 논리적이고 냉정한 성향을 표현하고 있다.

　　가장 높은 계급이므로 인생에서 장년기 사회에서는 사장, 대표, 최고 전문가를 말하며 숫자 4와 관련하여 안정과 질서, 통제, 지배력 등과도 연관된다.

　　공기 원소와 관련된 나비 문양, 푸른 옷과 검, 새들 등 여러 상징이 보이며, 메이저 11번 정의 카드나 소드 퀸 카드와 비슷한 부분이 많으나 검을 곧게 세워 조화나 균형을 더 강조한 것과는 달리, 검이 한쪽으로 기울여 있음은 어떤 사안에 특정의 결단이나 심판

을 내렸다는 것을 암시한다. (검 왕 카드는 검을 곧게 세워 그 균형으로 결정을 내리지 못한 경우에 비하여, 비스듬히 세운 검은 결단력과 실행력을 있음을 보여 준다.)

사고력과 지성을 담당하는 공기를 다루는 능력이 최고이므로 리더십이 있는, 치밀하고 분석적인, 의지와 자존심이 강한, 결단력과 투쟁적 지성, 권위적인, 아이디어가 풍부한, 샤프하고 통솔력이 있는 등의 의미를 갖는다.

※ 결단력의 확고함에 있어서는 보는 관점에 따라 검 여왕이 검 왕보다 확고하다고 보는 경우도 있다. (이미지에서 여왕은 공기 요소를 상징하는 새가 한 마리, 뭉쳐 있는 구름에 비하여 검 왕은 두마리의 새와 둘로 나누어져 있는 구름, 여왕은 옆으로 앉아 있어 그 누구의 말도 듣지 않으려 하는데, 왕은 정면을 주시하여 누군가의 말에 경청할 수 있는 자세 등).

타로카드 배열법
(Card Spread)

❖ 월운 스프레드

| 1월 | 2월 | 3월 | 4월 | 5월 | 6월 | 7월 | 8월 | 9월 | 10월 | 11월 | 12월 |

1. 분기별 스프레드

| 1분기 | 2분기 | 3분기 | 4분기 |

2. 연도별 스프레드

| 작년 | 올해 | 내년 |

❖ 3 카드 배열법

1	2	3
과거	현재	미래
처음	중간	끝
서론	본론	결론
아침	점심	저녁
현재 상태	(그와 연관) 장애나 문제	결과
기타 1	기타 2	기타 3
...	...	...

❖ 선택 스프레드

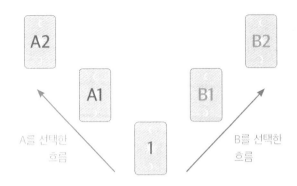

❖ 켈트 크로스 배열법 (Celtic Cross Spread)

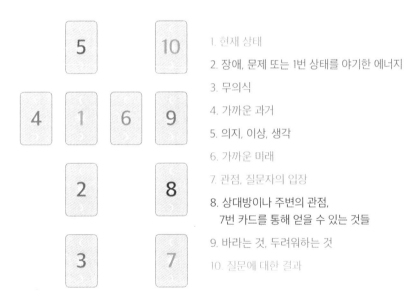

1. 현재 상태
2. 장애, 문제 또는 1번 상태를 야기한 에너지
3. 무의식
4. 가까운 과거
5. 의지, 이상, 생각
6. 가까운 미래
7. 관점, 질문자의 입장
8. 상대방이나 주변의 관점,
   7번 카드를 통해 얻을 수 있는 것들
9. 바라는 것, 두려워하는 것
10. 질문에 대한 결과

❖ 매직 세븐 배열법 (Magic Seven Spread)

1. 과거
2. 현재
3. 미래
4. 조언, 해결책, 제안
5. **상대방, 주변 환경**
6. 장애, 대립하는 것
7. 결과

어린 시절 하반신 마비로 인해 시골에서 서울대병원까지 올라와 진단 결과 신체 문제가 아닌 정신과적 치료를 판정받아, 누가 알까 전전긍긍하며 어머니의 손에 이끌리어 몰래 신내림을 받았고 지금의 영적 상담자로서 이르고 있음을 책의 서언에 언급하였다.

어느 날 갑자기 그 어떤 예고도 없이 내게 훅 하고 들어온 초대하지 않은 손님 '암' 그리고 그 손님을 내보내기 위한 어둡고 긴 터널의 5년 이상의 세월과 내게 주어진 산정 특례 해제…. 난 그렇게 암이라는 판정을 받고 치료하며 산정 특례 해제하라는 결과를 얻었다.

"참 고생했고, 많이 많이 수고했어!" 하며, 난 내 몸에게 내가 원하는(초대한) 선물을 주기로 했다. 바디 프로필에 도전! "어쩌면 너무나도 거리가 먼 것이었지만, 그동안 108배로 다져진 몸이니 한번 도전해 보는 거야." 그리고 그것은 고생한 내게 주는 선물이고, 나와 같은 유방암 환우들에게도 전하는 희망의 메시지가 될 것이다.

그런데 작년 나는 또 다른 손님으로 인해 두 번째 산정 특례로 등록되었다. 내게 다시 주어진 이 상황이 혼란스러웠고 원망과 좌절로 가득했다. 그렇게 지옥 같은 몇 개월을 보내고, 8번 힘 카드의 여인처럼 나의 내면을 다스리고 힘 카드가 주는 조언, 힘은 내 안에 있는 것이고 그 힘을 내어 보면서 그 동안 차일피일 미루고 있던 이 책을 마무리해 본다.

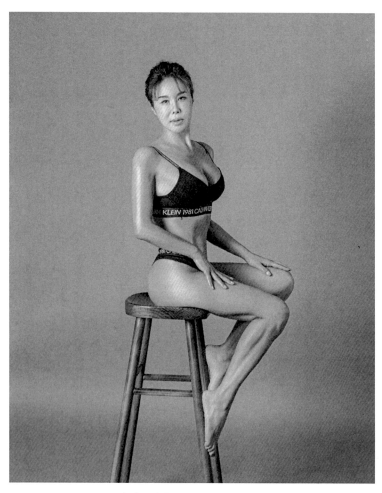

수고한 나를 위해 주는 선물 - Body Profile

이 시간도 병마와 싸우고 있는 여러 환우분들의 빠른 쾌유를 빌며, 매 순간 순간 아주 작의 내 몸의 변화에도 주춤하기도 하겠지만 카드가 늘 속삭이는 '긍정의 마인드'로 삶을 향해 나아갈 것이다.

2023. 04. 30.

서연